Brenda Davies

Wie stärke ich meine Chakras?

Praktische Übungen für den Alltag

Brenda Davies

# Wie stärke ich meine Chakras?

## Praktische Übungen für den Alltag

Aquamarin Verlag

Die Autorin hat jeden Aufwand unternommen, infrage kommende Copyright-Besitzer zu finden. Falls sie nicht ganz erfolgreich war, bittet sie diese Personen um Entschuldigung und will in folgenden Neuauflagen entsprechende Änderungen vornehmen.
Dieses Buch wurde mit der Absicht geschrieben und veröffentlicht, Informationen zur Verfügung zu stellen. Es dient nicht als Ersatz für Behandlungen beim Arzt oder anderen Therapeuten.
Alle Daten und Fakten in diesem Buch wurden medizinischen Dokumenten, klinischen Protokollen, wissenschaftlichen Veröffentlichungen, Krankengeschichten, medizinischen Publikationen, Eigenveröffentlichungen anderer medizinischer Kollegen und Artikeln aus medizinischen Fachzeitschriften entnommen oder aus Veröffentlichungen anderer medizinischer Fachkollegen oder Quellen zitiert.
Als Lehrmaterial kann es medizinische und praktische Erfahrung nicht ersetzen.
Die Autorin und der Verlag stellen die Informationen zur Verfügung, um das Wissen zu erweitern und somit auf dieser Grundlage in eigener Verantwortung Entscheidungen treffen zu können.
Die Autorin und der Verlag bitten alle Leser ausdrücklich, den eigenen Gesundheitsstatus zu beachten und vor jeder Änderung der Lebensführung, inklusive Diätgewohnheiten, einen Arzt zu konsultieren.

Dr. Brenda Davies

1. Auflage 2007

Aquamarin Verlag GmbH • D-85567 Grafing

Deutsche Übersetzung: Raphaela Horvath

Titel der amerikanischen Originalausgabe: The 7 Healing Chakras Workbook
Ulysses Press, Berkeley, USA


Umschlaggestaltung: Annette Wagner
Druck: Ebner & Spiegel • Ulm

ISBN-10: 3-89427-351-8
ISBN-13: 978-3-89427-351-4

# Inhalt

Einleitung ........................................ 7

Wie Sie das Beste aus diesem Buch für sich gewinnen können ............. 11

I. Kapitel Das Wurzel-Chakra ........................................ 16
II. Kapitel Das Sakral-Chakra ........................................ 38
III. Kapitel Das Solarplexus-Chakra ........................................ 60
IV. Kapitel Das Herz-Chakra ........................................ 77
V. Kapitel Das Kehl-Chakra ........................................ 103
VI. Kapitel Das Stirn-Chakra ........................................ 123
VII. Kapitel Das Kronen-Chakra ........................................ 143

## Die Autorin

**Dr. Brenda Davies** ist eine britische Psychiaterin und Geistheilerin. Sie kombiniert ihr schulmedizinisches Wissen mit ihren Gaben der Heilung nach alten Traditionen. Nachdem sie an mehreren Orten auf der Welt gelebt und gearbeitet hat, wohnt sie nun in Sambia. Ihre Seminare, Konferenzen und die Patienten und Klienten rufen sie jedoch nach wie vor in einen weltumspannenden Kreislauf. Als Mutter von zwei Kindern und Großmutter von einem Enkel lebt sie ein glückliches Leben auf ihrem eigenen spirituellen Pfad und erforscht weiter die Grenzen von Liebe und Heilung. Sie hat sechs Bücher geschrieben, „Chakras – Tore zur Seele" ist das erste Buch in deutscher Sprache. Mehr Informationen zu den Veröffentlichungen von Dr. Brenda Davies finden Sie unter:

**www.brendadavies.com**

# Einleitung

*In der Luft zu fliegen oder auf dem Wasser zu schreiten, ist nicht das Wunder, auf der Erde zu wandeln, das ist das Mysterium.*
*– Chinesisches Sprichwort –*

Seit ich „Chakras – Tore zur Seele" geschrieben habe, wollte ich dieses Handbuch als Arbeitshilfe verfassen. Es gab jedoch noch andere Bücher, die mich beschäftigt hielten. Anscheinend ist jetzt die Zeit genau richtig, weshalb ich bin meinem amerikanischen Verlag „Ulysses Press" sehr dankbar dafür bin, dass sie mir die Möglichkeit gegeben haben, meine Arbeit an diesem Buch ohne Druck durchzuführen.

Über viele Jahre hat „Chakras – Tore zur Seele" das Leben von vielen tausend Menschen zu ihrem Besseren verändert.

Ich fühle mich geehrt und empfinde es als ein Privileg, der Reisegefährte meiner Leser auf diesem Weg zur inneren Vollständigkeit gewesen zu sein.

Wie ein altes Sprichwort sagt: „Wenn wir hören – vergessen wir, wenn wir sehen – erinnern wir uns, aber wenn wir es wirklich tun – verstehen wir tief.

So hoffe ich, mein Arbeitsbuch ermutigt zu mehr Beschäftigung mit dem Thema und dadurch zu mehr Verständnis!

Meine Absicht ist es, dass dieses Arbeitsbuch meine deutsche Übersetzung von „Chakras – Tore zur Seele" begleitet, daher ist viel des ursprünglichen Textes konzentriert hier wiedergegeben. Für den ausführlichen Text schauen Sie bitte in „Chakras – Tore zur Seele" (Aquamarin Verlag 2002) nach.

Es war Rumi, ein mystischer Poet aus dem 13. Jahrhundert, der sagte: „Gott hat die Leiter vor unseren Füßen aufgebaut – wir müssen sie jedoch erklimmen, Schritt für Schritt." Die Chakras können als Leitersprossen betrachtet werden. An ihnen zu arbeiten, sie zu heilen und sie zu entwickeln, verbessert unser Leben. Jenseits unserer Vorstellungen macht es Dinge möglich, von denen wir vorher nur geträumt haben. Wir alle hier sind geistige Wesen, die während ihres Aufenthalts auf diesem Planeten ihr Bestes geben, um menschlich zu sein und die Schöpfung zu achten.

Unser physischer Körper ist der sichtbare Beweis unserer Inkarnation und gestattet uns, Gefühle zu erleben und sie mit anderen zu teilen, die zur gleichen Zeit wie wir auf dieser Erde leben.

Der Körper repräsentiert die physische Welt mit seinem komplexen Nervensystem und seinen Sinnen und beheimatet die Seele.

Jede Zelle hat ein Gedächtnis und eine eigene Intelligenz. Wenn wir Zugang zu unserer Seele finden und diese Schätze in unser Leben integrieren, entwickeln wir uns zum Besten, was wir werden können.

Es gibt Chakras, die noch unter unserem Wurzel-Chakra liegen und andere, die sich über dem Kronen-Chakra befinden. Ich beziehe mich auf die sieben Haupt-Chakras, mit denen wir hier in diesem Buch hauptsächlich arbeiten – Wurzel-Chakra, Sakral-Chakra, Solarplexus-Chakra, Herz-Chakra, Kehl-Chakra, Stirn-Chakra und Kronen-Chakra. Wenn wir sie verstehen, heilen und entwickeln, berühren wir nahezu jeden Aspekt in unserem Leben, menschlich und geistig – und gelangen zu bemerkenswertem Wachstum und Wandel. Es geht darum, persönliche Eigenschaften weiterzuentwickeln, die wir erstreben und die erreichbar sind für uns – Mut, Standhaftigkeit, Treue, Vertrauenswürdigkeit, Verständnis, Gerechtigkeit, Kommunikation, Weitblick und Integrität, um nur einige zu nennen. Auch können wir unser Leben dahingehend verändern, dass wir in einen anhaltenden Zustand der inneren Sicherheit gelangen. Stabilität, Frieden und Freude, Gesundheit und ein großes Stehvermögen werden dann zu unserer natürlichen Basis. Diese Arbeit schenkt uns über die Jahre hinweg eine außergewöhnliche Energie, die manche um uns herum – oft sehr viel jünger als wir – erstaunt und überrascht. Es wird uns dann auch gelingen, das menschliche Leben zu führen, das wir gewählt haben, und gleichzeitig das geistige Wesen zu sein, das wir wirklich sind.

Das Ziel ist es, geerdet zu bleiben und ein normales menschliches Lebewesen zu sein (lesen Sie dazu noch einmal das chinesische Sprichwort am Anfang), während wir das Außergewöhnliche vollenden.

Das Leben wird uns trotzdem weitere Herausforderungen senden, die uns anregen, innerlich zu wachsen. Wir beginnen jedoch, die Fortschritte zu sehen, Dankbarkeit dafür zu empfinden und die Lehre darin willkommen zu heißen. Die Beschäftigung mit unseren Chakras hilft uns, in Bewegung und

Veränderung zu bleiben. Damit ruhen wir nur noch selten selbstzufrieden an einem Platz aus, und das Universum muss uns nur noch dann und wann anstoßen, um weiter zu gehen. So wird das Leben ruhiger und vergnüglicher, jedoch immer mit Licht, Schatten und Bewegung, um uns daran zu erinnern, dass wir uns einige Beschränkungen auferlegten, als wir entschieden haben, menschliche Wesen zu werden.

Ich hoffe, Sie haben Freude an der Beschäftigung mit diesem Buch – manches darin kann ein Spiel sein! Die meisten Übungen habe ich selbst über die Jahre mehrfach durchgeführt, einige neue Übungen haben mir viel Spaß bereitet. Die Meditationen liebe ich. Für mich ist die Zeit, die ich in aktiver Meditation verbringe (Dies ist kein Widerspruch!) eine große Freude, und der Nutzen ist so unmittelbar, dass ich mir jeden Tag etwas Zeit für diese Freude gönne. Die Kraft der Heilung liegt in der Vergebung, und dieses Thema wird zwischendurch immer wieder in unser Leben treten. Wir arbeiten vielleicht viele Tage daran, immer dann, wenn Erlebnisse aus der Vergangenheit auftauchen, unsere Aufmerksamkeit erfordern und an unseren Gefühlen rütteln. Auch wenn wir denken, dass alles in Ordnung ist und uns in Frieden fühlen, bedarf es nur einer Begebenheit – eines bestimmten Musikstückes, eines Anrufes von jemandem aus unserer Vergangenheit – und wir fühlen uns unangenehm berührt und erfahren das zweifelhafte Geschenk, etwas aufzuwühlen, was noch nicht geheilt ist. Um uns von den Lasten der Vergangenheit zu befreien, müssen wir verzeihen lernen.

Wir kehren dann wieder zurück zu den heilenden Meditationen oder Übungen, um das Geschenk in der Situation zu finden. Wir betrachten, wie es unser Leben verändert, wie es uns an den Platz gebracht hat, an dem wir heute stehen und genug Schmerz verursacht hat, um uns dazu zu bewegen, mit der Heilung für uns selbst zu beginnen. Und so geht die Arbeit weiter. Wir sind wie riesengroße Gemälde, an denen der Maler an einer Stelle die Arbeit aufnimmt, und wenn er am anderen Ende angelangt ist, wieder von vorne beginnt. T.S. Eliot bringt es noch mehr auf den Punkt:

*Wir sollten nicht aufhören mit dem Erforschen.*
*Und das Ende all unserer Forschung*
*wird das Erreichen des Anfangs sein;*
*und wir werden den Platz so vorfinden, wie beim ersten Mal.*

Unsere Arbeit ist erst erfüllt und beendet, wenn es Zeit für uns ist, zurück, nach Hause zu gehen.

Es heißt, wenn wir dem Göttlichen nur eine Handbreit näher kommen, kommt es uns eine Elle weit entgegen, und wenn wir einen Schritt weit auf das Göttliche zugehen, wird es einladend auf uns zueilen. Ganz sicher ist es das, was ich erlebt habe. So ist es meine Hoffnung, dass Sie mit Mut vorangehen und mit der inneren Überzeugung, dass das Göttliche da sein wird, um Sie zu empfangen und auf dem Weg zu begleiten.

Ich hoffe, dieses Arbeitsbuch ist ein Instrument der Heilung, damit Sie voller Freude die Schritte zu einem natürlichen, glücklichen Leben gehen können, dem menschlichen und dem göttlichen gleichzeitig. Mit den Worten von Tschechow: „Wir sollten Frieden finden. Wir sollten die Engel hören können. Wir sollten den funkelnden Himmel sehen, wie Diamanten." Erfreuen Sie sich an Ihrer Reise, und ich freue mich, Sie irgendwo auf Ihrem Weg wiederzutreffen.

*Jenseits aller Gedanken von Recht und Unrecht gibt es einen Platz.*
*Da werde ich Dich treffen.*
*– Rumi –*

Brenda Davies

# Wie Sie das Beste aus diesem Buch für sich gewinnen können

*Lasst uns nicht im Zorn zurückschauen, nicht mit Furcht in die Zukunft, sondern mit Aufmerksamkeit um uns herum.*
*– James Thurber –*

Dieses Buch soll der Begleiter zu meinem Buch „Chakras – Tore zur Seele" sein. Es wird Ihnen helfen, die Führung zu übernehmen für sich selbst, Ihre Gesundheit, Ihre Beziehungen und für Ihr Leben. Jedes Kapitel gibt Ihnen zuerst einen kompakten Überblick zu einem Haupt-Chakra, einschließlich seiner Lage, Farbe, Entwicklung und speziellen Verknüpfungen mit anderen Chakras, Anbindungen zu den Körperdrüsen und dem Nervensystem sowie die Aura-Schicht, mit der es verbunden ist. Anschließend folgt ein kurzer Bericht zur Funktion des Chakras und was geschehen könnte, wenn aus irgendeinem Grund die Entwicklung des Chakras gestört wurde. Danach finden Sie eine Liste von Aroma-Ölen und Edelsteinen, die für Sie nützlich sein können, während Sie mit den Chakras arbeiten. In meinem Buch „Chakras – Tore zur Seele" sind die Informationen zu den einzelnen Chakras ausführlicher, daher empfehle ich Ihnen, dieses Buch in Reichweite zu legen, falls Sie etwas nachschauen möchten.

Eine Aufstellung zur Selbstbefragung in jedem Kapitel hilft Ihnen, die Ereignisse in Ihrem Leben auf einen Blick zu sehen, die durch Probleme mit den betreffenden Chakras entstanden sein können. Das Ziel ist, dass Sie erkennen und verstehen lernen, sich jedes Chakra erarbeiten können und das heilen, was bisher in Ihrem Leben geschehen ist. So können Sie sich auch von Gefühlen wie Schuld und Scham befreien. Sie werden entdecken, dass viele Geschehnisse in Ihrem Leben, auch Krankheiten, vorbestimmt waren durch den Schmerz oder Verlust in früheren Tagen. Allein dies zu verstehen und sorgsam mit sich umzugehen, wird dabei helfen, das Selbstwertgefühl zu steigern und einen Heilungsprozess einzuleiten.

Jedes Kapitel hat einen Abschnitt „Nun zu Dir". Es führt Sie direkt in den Heilungsprozess, indem Sie sich an die Zeit erinnern, in der das betreffende Chakra aktiviert wurde und sich entwickelt hat. Schreiben Sie alles auf, was Ihnen wichtig erscheint, auch über die Menschen, die in jener Zeit eine Rolle gespielt haben und über Ihre Gefühle zu Ihnen.

Obwohl sich alle unsere Chakras während unserer ganzen Lebenszeit weiterentwickeln, kehrt jedes Chakra alle dreißig Jahre wieder in unsere spezielle Aufmerksamkeit. Ein Beispiel: Das Wurzel-Chakra ist im Zentrum unserer Beachtung im vom Alter von dreißig bis etwa vierunddreißig Jahren und dann wieder im Alter von sechzig bis vierundsechzig Jahren. So haben Sie die Gelegenheit nachzuschauen, welche Themen wichtig waren, als das Wurzel-Chakra zum zweiten Mal in den Mittelpunkt rückte und – wenn Sie alt genug sind – welche Begebenheiten beim dritten Mal den Schwerpunkt bildeten. Auch hier ein Beispiel: Wenn Sie im Augenblick vom Alter her in diese Entwicklungszeit passen, ist es wahrscheinlich, dass Sie vor Aufgaben stehen, die mit dem Wurzel-Chakra verbunden sind – Selbstachtung, Selbstwertgefühl und Selbstvertrauen. Zum Beispiel könnten Sie darüber nachdenken, bestimmte Schritte zu unternehmen, um Ihre Wurzeln da zu verankern, wo Sie wirklich hingehören. Wenn Sie vorher depressiv waren oder eine bestimmte Sucht hatten, könnte es nun eine Zeit sein, in der Sie diese Themen zurücklassen wollen. Sie beginnen damit, sich selbst als einzigartig und wichtig für diese Welt zu betrachten. Notieren Sie alles, was Sie in Ihre Erinnerung rufen können oder was Ihnen über die betreffende Zeit erzählt wurde. Wenn wir diese Dinge an die Oberfläche holen, unterstützen wir den Prozess der Heilung.

Sind extrem schwierige Erlebnisse zu einer bestimmten Zeit geschehen, wie vielleicht Missbrauch, dann suchen Sie bitte einen Freund oder ein Therapeuten, der Ihnen beim wesentlichen Teil der Arbeit zur Seite steht. Nehmen Sie sich die Zeit, die Sie benötigen. Es kann sein, dass Sie für Wochen, manchmal für Monate bei einem bestimmten Chakra verweilen. Denken Sie daran, Sie arbeiten an Ihrer Vergangenheit, Sie haben alles überlebt. Es ist möglich, dass einige der Begebenheiten, die Sie zurückrufen, eine Flut von Gefühlen, wie Trauer und Schmerz, verursachen, doch dem wird sehr schnell eine Flut von Heilung folgen. Nur wenn Erinnerungen begraben oder verweigert werden, ist es schwierig, sie zum Licht der Liebe und der Heilung zu holen.

Die Übungen und die Meditationen werden Ihnen helfen, den Heilungsprozess zu unterstützen, während die Liste der Aroma-Öle und der Edelsteine Ihre Erfahrung ergänzen. (Beachten Sie bitte, dass einige Öle während einer Schwangerschaft nicht geeignet sind. Am Ende dieses Kapitels finden Sie eine Liste. Bei Krebserkrankung empfehle ich, keinen klaren Bergkristall zu verwenden, da er unser Zellwachstum aktiviert – eventuell auch die Vitalität von Zellen, bei denen wir dies nicht unbedingt anstreben.) Es könnte nützlich sein, die Meditationen auf ein Band zu sprechen oder jemanden zu bitten, sie langsam für Sie vorzulesen. Nehmen Sie sich viel Zeit, und arbeiten Sie jede Meditation langsam und sorgfältig durch. Gönnen Sie sich danach eine Zeit der Ruhe und notieren Sie alles, was Ihnen wichtig erscheint, bevor Sie zurück in Ihren Tag gehen. Ans Ende eines jeden Kapitels habe ich Affirmationen gestellt, doch möchte ich Sie dazu ermutigen, selbst Affirmationen zu gestalten. Danach finden Sie noch einen Raum für Anmerkungen und Notizen, für Ihre Gedanken und Wünsche.

Zwischendurch werden Sie aufgefordert, Ihre Gefühle zu beschreiben. Jedoch immer dann, wenn wir einige Zeit wie blockiert gelebt haben, kann es schwierig sein, unsere Emotionen zu benennen. Leichter wird es vielleicht, wenn Sie eine Liste von Gefühlen aufbauen, die für Sie stimmig sind, damit Sie bei Bedarf wählen können, welches gerade zutrifft.

Es gibt sicher mindestens fünfzig Gefühle, die Ihnen auf Anhieb einfallen, und ich habe keinen Zweifel, dass Sie, bei fünfzig angelangt, ein kleines Spiel mit sich spielen können, um herauszufinden, wie viele weitere verschiedene Gefühlsregungen Ihnen in den Sinn kommen.

## Gestalten Sie Ihren sicheren Platz

Idealerweise haben Sie einen sicheren, bequemen Platz, um zu arbeiten. Und wenn es sich nur um einen Stuhl mit einem kleinen Tisch oder eine Kiste, bedeckt mit einem Tuch, handelt, auf dem Sie ein Glas Wasser, Ihr Notizbuch, möglicherweise eine Kerze, einen Edelstein, eine Blume oder eine Pflanze deponieren. Wenn Sie sehr persönliche, spezielle Dinge haben, eine Fotographie, eine Muschel oder einen Stein, legen Sie diese neben sich. Sie können auch Aroma-Öle oder Räucherwerk nutzen, um Ihre Atmosphäre auszugleichen, jedoch ohne jemand anderen in Ihrer Umgebung unangenehm zu berühren.

Ein Aroma-Therapeut wird sich gerne um eine passende Mischung für Sie und Ihre Ziele kümmern und verschiedene Öle zusammenstellen, die für ein Bad, eine Massage und zum Verdampfen oder Verdunsten geeignet sind.

Es wäre gut, wenn Sie etwas Zeit ohne Unterbrechungen einplanen. Schalten Sie Ihr Handy aus und nehmen Sie den Telefonhörer ab. Wenn Sie Kinder haben, sorgen Sie dafür, dass sie beaufsichtigt sind und Sie sich keine Sorgen machen müssen.

Schreiben Sie Ihre Gefühle in diese Tabelle, ich habe schon einige eingefügt:

| | | | | | |
|---|---|---|---|---|---|
| 1 | Sorglosigkeit | 18 | | 35 | |
| 2 | | 19 | | 36 | |
| 3 | | 20 | | 37 | |
| 4 | | 21 | | 38 | |
| 5 | | 22 | | 39 | |
| 6 | Entmutigung | 23 | | 40 | Wut |
| 7 | | 24 | | 41 | |
| 8 | | 25 | | 42 | |
| 9 | | 26 | | 43 | |
| 10 | | 27 | | 44 | Begeisterung |
| 11 | | 28 | | 45 | |
| 12 | | 29 | | 46 | |
| 13 | | 30 | Verblüffung | 47 | |
| 14 | Skepsis | 31 | | 48 | |
| 15 | | 32 | | 49 | |
| 16 | | 33 | Verzweiflung | 50 | Siegesgewissheit |
| 17 | | 34 | | 51 | |

## Affirmationen

Es handelt sich um positive Aussagen, grammatikalisch in die Gegenwart gesetzt, die darüber erzählen, was wir aktiv in unserem Leben verursachen. Äußerst wirkungsvoll ist es, wenn Sie Ihre eigenen entwickeln, die Sie dann mit diesem Buch nutzen können oder zu Hause, in Ihrem Büro oder an Ihrem sicheren Platz, bereitlegen. Vertiefen Sie sich einfach, wann immer es Ihnen möglich ist. Schenken Sie Ihrem Herzen und Ihrem Verstand viel Aufmerksamkeit und legen Sie mit den Affirmationen Ihre tiefe innere Absicht fest.

**AROMA-ÖLE, DIE WÄHREND EINER SCHWANGERSCHAFT UNGÜNSTIG SIND:**

(Beachten Sie bitte, dass es möglich ist, dass folgende Aufstellung nicht vollständig ist, daher beraten Sie sich bitte mit Ihrem Aromatherapeuten)

| | | | |
|---|---|---|---|
| Basilikum | Kalmus | Zedernholz | Clary Sage |
| Ysop | Jasmin | Beifuß | Majoran |
| Melissenkraut | Wacholder | Pennyroyal | Rosmarin |
| Salbei | Thymian | Wintergreen | |

Meine größte Hoffnung ist, dass Sie Ihren Heilungsprozess genießen können und einen ruhenden Kern in sich finden, der Ihnen die Möglichkeit eröffnet, den Reichtum und die Freude eines gesunden, spirituellen, abenteuerlichen Lebens zu empfinden.

So lassen Sie uns beginnen.[1]

1 Zur Förderung der Arbeit mit den Inhalten, Dr. Davies` Intention entsprechend, werde ich in den Kapiteln über die einzelnen Chakras das therapeutisch sinnvolle „Du" verwenden. (Anm. d. Übers.)

# I. Kapitel • Das Wurzel-Chakra

*Du bist hier, um ein Strahlen, ein Leuchten in die Welt zu tragen, um Großzügigkeit, Zukunftsvisionen und den Geist der Hoffnung zu bringen. Du bist hier, um die Welt zu bereichern, und Du gerätst in Not, wenn Du Deinen Auftrag vergisst, diese Botschaften zu verkünden.*

*Woodrow Wilson*

Das Wurzel-Chakra ist das erste Haupt-Chakra, das sich entwickelt. Bei guter Gesundheit zeigt es uns, welche Einstellung wir zu uns selbst haben und wie wir unseren Platz in der Welt sehen. Wir verfügen über die Kapazität, das Leben in seinem vielfältigen Reichtum zu erfassen und schätzen uns als einzigartiges spirituelles Wesen hier in dieser Welt in unserem menschlichen Körper. Wir haben die Fähigkeit entwickelt, uns zu behaupten und selbstbewusst zu bleiben, auch wenn Dinge schwierig sind. Wir wissen, dass wir überleben werden.

**Was Du mit der Arbeit an Deinem Wurzel-Chakra erreichen kannst:**

- Eine Verbesserung Deiner allgemeinen Energie und ein Gefühl für inneres Wohlbefinden.
- Mehr Selbstsicherheit und somit weniger Angst. Verbesserte Schlafgewohnheiten
- Erdverbundenheit. Du wirst Dich nicht nur besser fühlen, Dir wird es insgesamt besser gehen und Deine Möglichkeiten werden vielfältiger, um mit dem Auf und Ab des Lebens zurechtzukommen.
- Die Bestätigung Deiner angeborenen Schönheit und Deines einzigartigen Wertes in der Welt und damit verbunden mehr Selbstwertgefühl und mehr Selbstvertrauen.

- Ein inneres Wissen, dass Du ein wundervolles spirituelles Wesen bist, wichtig für den gesamten universellen Plan, und dass Dein Beitrag, was auch immer er sein mag, wertvoll und einzigartig ist.
- Sicherheit in der eigenen Identität, Freude am Erfolg anderer und ihren Fähigkeiten, die persönlichen Potenziale zu nutzen.
- Die Aufhebung des Gefühls von Schuld oder Scham über Erlebnisse in Deinem bisherigen Leben, verbunden mit der Aussicht auf mehr Stabilität und Gesundheit.
- Die Heilung von Süchten und schlechten Verhaltensweisen sowie körperlichen Beschwerden, die mit dem Wurzel-Chakra verbunden sind.
- Richte nun den Blick auf die folgenden Fragen und versuche abzuschätzen, welche Arbeit hier auf Dich wartet.

| | **Fragenkatalog zur Selbsteinschätzung** |
|---|---|
| ☐ | 1. Hattest Du jemals das Gefühl, nirgendwohin zu gehören und Einsamkeit zu empfinden, wo immer Du auch bist? |
| ☐ | 2. Hast Du schon einmal versucht, Deinem Leben zu entkommen, entweder zeitweise durch Alkohol, Drogen, Spielen oder andere süchtige Verhaltensweisen oder permanent durch einen Selbstmordversuch? |
| ☐ | 3. Hast Du ein gespaltenes Verhältnis zu Deinem Leben, fühlst vielleicht Reue, geboren zu sein oder wünschst Dir manchmal, einfach tot zu sein? |
| ☐ | 4. Bist Du enttäuscht vom Sex, bist Du impotent oder hast Du Orgasmus-Probleme? |
| ☐ | 5. Hattest Du eine tiefe Verletzung, Bedrängnis oder Schwierigkeiten, körperlich oder emotional, in der Zeit zwischen Deiner Geburt und dem Alter von drei bis fünf Jahren (vielleicht ein Geburtstrauma)? |
| ☐ | 6. Fühlst Du Dich unsicher und kompensierst Du dieses Gefühl mit dem Kaufen von Dingen, die Du nicht wirklich brauchst, mit Horten oder mit Geiz ? |
| ☐ | 7. Hast Du häufig ein niedriges Energieniveau oder ist Deine Kraft unvorhersehbar schwankend, fühlst Du Dich oft schwach, müde und krank? |
| ☐ | 8. Hast Du körperliche Probleme in Deinen Beinen oder Füßen oder leidest Du an Hämorrhoiden oder chronischer Obstipation? |
| ☐ | 9. Hattest Du früher schon eine Depression? |
| ☐ | 10. Hast Du je ein selbstzerstörendes Verhalten gezeigt oder Dich selbst verletzt durch Schneiden, Verbrennungen, Überdosierung usw.? |

| | |
|---|---|
| ☐ | 11. Wurdest Du missbraucht (emotional, sexuell oder körperlich) oder vernachlässigt (emotional, sexuell oder körperlich) in den ersten Jahren Deines Lebens? |
| ☐ | 12. Wurdest Du von Deinen Eltern getrennt, bevor Du vier Jahre alt warst, zum Beispiel durch eine Erkrankung (Deine eigene oder eine Erkrankung Deiner Eltern)? |
| ☐ | 13. Warst Du nach Deiner Geburt für einige Zeit in einem Brutkasten? |
| ☐ | 14. Hast Du Probleme mit Deiner Selbsteinschätzung, mit Selbstsicherheit und Selbstwertgefühl? |
| ☐ | 15. Missbrauchst Du andere Menschen – emotional, körperlich oder sexuell? |

Wenn Du die meisten Fragen mit „ja" beantwortet hast, kann es gut sein, dass Du Probleme mit Deinem Wurzel-Chakra hast. So lasse uns jetzt einiges mehr darüber lernen und auch, wie Du mit der Heilung beginnen kannst.

| Die Grundlagen des Wurzel-Chakras: |
|---|
| **Lage:** direkt auf dem Perineum, dem Damm, das Gewebe zwischen Anus und Skrotum oder Anus und Vagina. Im Durchmesser etwa zehn Zentimeter, erstreckt es sich bei guter Gesundheit in einem Lichtkegel zwischen Deinen Beinen bis hinunter in die Erde. |
| **Farbe:** Rot – es dreht sich mit der gleichen Frequenz wie der Edelstein Rubin. |
| **Aktivierung und Entwicklung:** Das Wurzel-Chakra wird sofort im Moment der Inkarnation aktiviert. Die maximale Entwicklung erfährt es in den ersten Monaten des Lebens, im Zentrum der Aufmerksamkeit verbleibt es jedoch bis zum Alter von drei bis fünf Jahren. Obwohl sich unser Energiesystem das ganze Leben lang entwickelt, wendet sich unsere verstärkte Aufmerksamkeit dem Wurzel-Chakra wieder im Alter von dreißig bis vierunddreißig Jahren, sechzig bis vierundsechzig Jahren und neunzig bis vierundneunzig Jahren zu. In diesen Zeiten finden wir uns mit Fragen konfrontiert, die mit unserer Sicherheit zu tun haben, wo wir hingehören, wo wir leben möchten, mit wem wir leben möchten und wie wir wirklich über uns selbst fühlen. Unser Leben kann sich in solchen Zeiten drastisch ändern, während wir herausgefordert werden, unsere Wurzeln neu abzuschätzen. |
| **Beziehung zu den Körperdrüsen:** Das Wurzel-Chakra ist mit den Nebennieren vernetzt und damit mit unserem Adrenalinhaushalt. Dieser kommt immer ins Spiel, wenn unser Überleben bedroht wird, hier regelt sich unsere „Kampf oder Flucht"-Entscheidung, wenn wir in Gefahr sind. |

**Neurologische Anbindung:** Der Plexus coccygeus (Steißgeflecht), er innerviert die Anal- und Genitalregion.

**Verbindung zum Aura-Körper:** Angeschlossen ist der ätherische Körper, die erste Aura-Schicht, in der Farbe blaugrau und etwa drei Zentimeter weit um den physischen Körper herum. Er formt den Körper äußerlich und innerlich komplett nach.

**Überleben:** Das Wurzel-Chakra zielt darauf ab, uns am Leben zu halten, egal was passiert, und zwar so lange, bis wir unseren Auftrag hier erfüllt haben – siehe die Verbindung zur Nebennierenfunktion.

## Die Aufgaben des Wurzel-Chakras:

**Basisinstinkte und Grundbedürfnisse:** Das Wurzel-Chakra regelt unsere Basisinstinkte – Essen, Trinken, Schlafen, Sex, Selbsterhaltung, Schutz und Fortpflanzung – und daher auch unser Gefühl innerer Sicherheit und Stabilität.

**Erdverbundenheit:** Es gibt uns ein festes Fundament und ermöglicht uns, den Einflüssen des Lebens standzuhalten, Zugehörigkeitsgefühl und Identität zu entwickeln.

**Gutes Urteilsvermögen:** Es versorgt uns mit der Gabe eines guten Urteilsvermögens, ein Werkzeug, das notwendig ist, um Gefahr zu vermeiden und dabei abenteuerlustig und risikofreudig zu bleiben.

**Selbstvertrauen, Selbstachtung und Selbstwertgefühl:** Es unterstützt unser Selbstvertrauen, unsere Selbstachtung und unser Selbstwertgefühl, denn es erinnert uns daran, dass wir großartige spirituelle Wesen sind, die hier leben, um sich als Menschen zu entwickeln. Auch bereitet es uns darauf vor, unsere einzigartige Botschaft als dieses Wesen an die Welt zu geben.

**Körperliche Aspekte:** Es verwaltet die unteren Extremitäten, die Hüften, das Skelett, den Anus und bei Männern auch den Penis. (Die Geschlechtsorgane der Frau werden vom Sakral-Chakra verwaltet – das Chakra der Gefühle und Emotionen. Daher finden Frauen häufig den Geschlechtsakt befriedigender, wenn er mit Liebe und Umsorgen verbunden ist. Männer, deren Geschlechtsorgane vom Wurzel-Chakra verwaltet werden, sehen den Akt oft als eine Sache des Überlebens. Wie dem auch sei, Sexualität und Sinnlichkeit werden vom Sakral-Chakra verwaltet.

## Und wenn etwas schief läuft ...

Sobald wir die Funktionen jedes Chakras kennen, ist es recht einfach, herauszufinden, was später passieren könnte, wenn das Chakra blockiert ist, schwach oder unterentwickelt bleibt.

| |
|---|
| **Depression und tiefe innere Unsicherheit:** Zufriedenheit und robuste Gesundheit, sowohl körperlich, emotional oder spirituell, fehlen uns manchmal im Alltag, und unser Selbstvertrauen, die Selbstachtung und das Selbstwertgefühl nehmen ab. Gefühle von Unsicherheit, Isolation und Heimatlosigkeit bringen uns statt dessen dazu, an Depressionen zu leiden. |
| **Widersprüchlichkeit zum Thema Überleben:** Diese zwiespältigen Gefühle und Einstellungen zum Leben resultieren aus Depression und Isolation und tendieren auch manchmal dazu, ausgelebt zu werden. Es kann sein, dass dies zeitweise geschieht, indem sich der Betreffende emotional und psychisch von der Gegenwart entfernt durch Nutzung von Alkohol, Drogen, Spiel, Wetten, Sex, Essen etc. Manchmal geschieht dies auch permanent, und dann kann Selbstmord eine Option werden. |
| **Süchte und Essstörungen:** Zeitweilige Flucht mittels Drogen, Alkohol, Sex, Beziehungen, Wetten und Spiel, Arbeit, Koffein, Zucker, Trink- und Fressgelage. Hungern oder andere umsorgen, um von uns selbst abzulenken, bringt uns in Gefahr, Sucht und/oder eine Essstörung zu entwickeln. |
| **Zynismus und Negativität:** Chronischer Mangel an Zufriedenheit und Freude führt uns zu Zynismus und Negativität. Weitere Isolation folgt und steigert unser Gefühl von Ablehnung durch die Umwelt. Unsere Spirale nach unten dreht sich dann weiter in ein Stadium von Enttäuschung mit dem Leben als solches. |
| **Andere Menschen zufriedenstellen:** Furcht, Ablehnung oder Kritik nehmen uns die Hoffnung auf Zustimmung. So versuchen wir, jedem zu gefallen. Wir erscheinen unterwürfig, irritieren damit andere und demütigen uns weiter, indem wir nicht mutig genug sind zu sagen, was wir denken und fühlen. Wir vermehren damit unsere Selbstabscheu. |
| **„Schwarz-Weiß"-Denken:** Wir sind nicht imstande, uns einzugestehen, dass die Menschen, die wir lieben, auch Fehler haben, und andere Menschen, die uns nicht so liegen, auch über gute Seiten verfügen. So idealisieren wir die einen und zerstören die anderen. Diese Denkweise beeinflusst nicht nur unsere Beziehungen zu anderen, sondern auch unsere Einstellung und unser Urteilsvermögen auf jedem Gebiet unseres Lebens. |
| **Mangelhaftes Urteilsvermögen und risikoreiches Verhalten:** Die Bereitschaft, Gefahren zu begegnen, ist eine lobenswerte Eigenschaft. In diesem Fall jedoch flirten wir mit der Katastrophe, fordern in ärgerlicher Art und Weise das Universum heraus und gehen bis an eine Grenze, was eher wie eine Art Todeswunsch anmutet. |
| **Körperliche Symptomatik:** Schwierigkeiten mit den Füßen, den Beinen und den Hüften, Hämorrhoiden, Analfissuren und Probleme mit der Skelettmuskulatur geben einen Hinweis auf eine gestörte Entwicklung des Wurzel-Chakras. |

### Aroma-Öle und Heilsteine für das Wurzel-Chakra

Lavendel, Sandelholz, Zedernholz und Patschuli sind nützliche Aroma-Öle und Düfte. Rauchquarz, Granat, Hämatit und Rubin sind die wichtigsten Kristalle. Alle diese Edelsteine unterstützen Deine sexuelle Energie und fördern Harmonie und Ausgleich. Hämatit besitzt Heilkräfte für unser Blut und hält uns zentriert bei der Arbeit. Rauchquarz begünstigt das Meditieren und reinigt Dich von Negativität und Skepsis. Granat bringt Ausgleich für die emotionalen und spirituellen Anteile unseres körperlichen Liebeslebens. Den höheren Chakras bringt er (wie auch die anderen Kristalle) eine Steigerung von Liebe, Mitgefühl und Vorstellungskraft. Rubin ist voller Kraft und Leidenschaft – wie das Wurzel-Chakra selbst.

## Und nun zu Dir

Wir wollen nun unseren Blick auf die Zeiten in Deinem Leben richten, in denen das Wurzel-Chakra im Zentrum der Aufmerksamkeit steht.

Schließe Deine Augen behutsam und sachte – und werde Dir Deiner Atmung bewusst. Schreibe alles auf, was Dir einfällt, während Du Deine innere Achtsamkeit auf die betreffenden Zeiten in Deinem Leben richtest. Kümmere Dich nicht um die zweite oder dritte Phase, wenn Du sie noch nicht erreicht hast.

Aus der Zeit zwischen meiner Geburt und dem Alter von drei bis fünf Jahren kann ich mich an folgende Dinge erinnern:

(Wichtige Vorfälle und Begebenheiten, einschließlich selbstverständlich Deiner Geburt, genauso Dinge aus der Schwangerschaft, wie sich Deine Mutter hinterher gefühlt hat, möglicherweise die Geburt anderer Geschwister, das Verhältnis zwischen den Eltern, jeder Todesfall, Scheidung oder Trennung in dieser Zeit etc.; vielleicht hatte die Kindergartenzeit begonnen oder Vorschule, Probleme, die damit verbunden waren und auch Missbrauch jeglicher Art, der in dieser Zeitperiode stattfand. Notiere alles Wichtige.)

Was mir aus dieser Zeit erzählt wurde:

Die wichtigsten Menschen in meinem Leben waren:

Meine Gefühle über diese Zeit und zu den Menschen aus dieser Zeit sind:

## Zweite Phase der Aufmerksamkeit

*Für den Menschen gibt es keine deutlich erkennbare Trennungslinie zwischen Körper und Seele; was wir Körper nennen, ist unsere Seele, wahrgenommen und getragen durch die fünf Sinne, sie sind unsere Haupteingänge zu unserer Seele in jedem Lebensabschnitt.*
*– William Blake –*

Was ereignete sich in meinem Leben im Alter von dreißig bis vierunddreißig Jahren:

Die wichtigsten Menschen in meinem Leben waren:

Meine Gefühle über diese Zeit und zu den Menschen aus dieser Zeit sind:

## Dritte Phase der Aufmerksamkeit

Was ereignete sich in meinem Leben im Alter von sechzig bis vierundsechzig Jahren:

*Aber er, der die Freude küsst während sie aufsteigt, erlebt den Sonnenaufgang der Ewigkeit immer wieder neu.*
*– William Blake –*

Die wichtigsten Menschen in meinem Leben waren:

Meine Gefühle über diese Zeit und zu den Menschen aus dieser Zeit sind:

### Was ich dadurch erhalten habe

Zähle nun alle positiven Auswirkungen und Veränderungen in Deinem Leben in der folgenden Liste auf. Beispielsweise: Ich habe gelernt zurechtzukommen; ich habe gelernt, unabhängig zu sein; ich habe die Fähigkeit entwickelt, für mich und für andere zu sorgen; ich wurde in die Entscheidung für einen helfenden oder heilenden Beruf geführt. Wenn Du im Moment solche Dinge nicht sehen kannst, überspringe diesen Abschnitt und komme zurück, wenn es mehr Bedeutung für Dich hat. Falls Du so verfahren möchtest, gehe bitte später noch einmal durch beide Meditationen, da sich Deine Fähigkeiten zur Vergebung und Dein innerer Friede bis dahin deutlich gesteigert haben.

Folgende Übungen, Meditationen und Affirmationen werden Dir helfen zu heilen, was Du gerade entdeckt hast.

## Übungen

Lasse uns nun mit der Heilung beginnen. Erinnere Dich bitte daran, dass Du alles überlebt hast und Dich Geschehnisse aus der Vergangenheit heute nicht mehr verletzen können, selbst wenn Gefühle, die mit den Begebenheiten verbunden sind, noch sehr wund und empfindlich scheinen.

Jede der folgenden Übungen kann beliebig oft wiederholt werden und auch in jeder gewünschten Reihenfolge. Selbst wenn Du weiter voranschreitest zu den höheren Chakras, kann es wertvoll sein, diese Übungen in eine tägliche spirituelle Praxis aufzunehmen. Ich arbeite an all meinen Chakras jeden Tag, obwohl ich mich seit vielen Jahren damit beschäftige.

*Die Zonen innerer Vernachlässigung und Einsamkeit schreien auf in Dir. Sie rufen dringend nach Bearbeitung. Nur so können sie aus dem fälschlich gewählten Exil der Vernachlässigung hereinkommen in den Tempel Deiner Seele und zu Deinem persönlichen Eigentum werden.*
*– John O'Donohue, Anam Car –*

### Übung 1

Du benötigst:

- Dieses Buch, einen Stift und Deinen sicheren Platz
- Wenn Du eine Kerze anzündest, sei bitte achtsam und lasse sie nicht unbeobachtet.
- Wenn Du Aroma-Öle nutzen möchtest, sei vorsichtig mit der Wärmequelle und mit dem heißen Wasser.

❧ Gib Dir fünfundvierzig Minuten Zeit, in denen Du voraussichtlich nicht unterbrochen wirst – das könnte bedeuten, dass Du den Telefonhörer abnimmst und Dein Handy ausschaltest. Überlasse die Außenwelt für diesen Moment sich selbst, während Du Dich nun dem wichtigsten Teil in Deinem Leben zuwendest – Dir selbst.

Schreibe fünf Sachen untereinander, die Du gerne tun würdest – es sind vielleicht Dinge, die Dich früher erfreuten, etwa ein Tag am Strand, ein Abend ganz mit Dir allein und einem Buch, eine Massage – oder ganz etwas Neues. Versuche, eine Aktivität mit aufzunehmen, die den Kontakt zur Erde beinhaltet – ein Spaziergang im Wald, eine Zeit barfuss am Strand, Muscheln, Wildblumen, Kiefernzapfen oder hübsche Blätter sammeln. Vielleicht kannst Du eine Kollage aufbauen mit den Dingen, die Du gesammelt hast und damit zu Hause Deinen sicheren, geschützten Platz ausgestalten.

| |
|---|
| 1 |
| 2 |
| 3 |
| 4 |
| 5 |

Mache nun eine Pause, schließe Deine Augen und stelle Dir vor, wie Du Dich fühlen könntest, wenn Du all dies tun würdest. Schreibe nun auf, wie es sich anfühlt.

| |
|---|
| 1 |
| 2 |
| 3 |
| 4 |
| 5 |

Schließe nun einen realistischen Vertrag mit Dir selbst, um diese Dinge auch zu unternehmen. Manche kannst Du gleich verwirklichen, andere Verabredungen brauchen etwas mehr Vorbereitung. Es gibt jedoch immer einen ersten Schritt, den Du sofort tun kannst. Beispielsweise: Wenn Du beschlossen hast, einen Urlaub zu planen, kann der erste Schritt sein, Reiseunterlagen zu besorgen oder freie Tage herauszusuchen. Wenn Du eine Massagebehandlung haben möchtest, beginne damit, Ausschau zu halten nach einem guten Therapeuten.

| |
|---|
| 1 |
| 2 |
| 3 |
| 4 |
| 5 |

Übertrage diese Daten in Dein Programm. Absprachen mit Dir selbst sind mindestens so wichtig wie Verabredungen mit anderen, so versuche sie zu respektieren und einzuhalten. Wenn Du die innere Verpflichtung brechen musst (ich hoffe, Du hast einen überzeugenden Grund!), nimm sie sobald wie möglich wieder in Dein Programm, und erfülle Dein Versprechen, das Du der wichtigsten Person in Deinem Leben gegeben hast – Dir selbst.

Wenn Du einen inneren Vertrag eingelöst hast, komme zu dieser Seite zurück, füge das Datum mit einer Notiz hinzu, wie es war. Vergleiche nun die real erlebten Gefühle mit denen, die Du erwartet hast.

| |
|---|
| 1 |
| 2 |
| 3 |
| 4 |
| 5 |

Gibt es eine Diskrepanz zwischen Deinen Erwartungen und den tatsächlichen Empfindungen? Wie erklärst Du Dir das? Hast Du beispielsweise vergessen, wie viel Spaß es machen kann, mit Freunden zum Mittagessen verabredet zu sein. Oder es fällt Dir auf, dass es schon so lange her ist, dass Du Spaß hattest, dass Du vergessen hast, wie das überhaupt geht.)

*Es gibt keine lebende Person, die nicht dazu fähig wäre, für das Wohlergehen unseres Planeten einen großen Beitrag zu leisten.*
*– Susan Jeffers –*

## Übung 2

Nun ist die Zeit gekommen, Dir eine Belohnung für den ersten Schritt auf dem Weg der Selbstheilung zu schenken. Es kann eine kleine Belohnung sein (oder eine sehr teure, wenn Du möchtest), es sollte jedoch etwas Bedeutendes sein für Deine spirituelle Reise, eine Kerze als Beispiel,

Aroma-Öl, ein Duft oder ein Kristall. Gib Dir ein oder zwei Stunden mit Dir alleine, das wird reichen. Lege den Zeitraum fest, in dem Du den Einkauf tätigen möchtest. Danach benötigst Du noch Zeit, um eine Verbindung zu Deinem Geschenk aufzubauen – berühre es, fühle es, erfreue Dich daran und fühle diese leichte, fröhliche Erregung über die Vorstellung, dass es nun in Deinem Besitz ist. Diese Wertschätzung wird Dir helfen, Deinen eigenen Wert mehr zu schätzen.

Für meine besondere Belohnung habe ich mir gekauft:

Es zu kaufen, gab mir das Gefühl:

**Übung 3**

Du benötigst:

- Dieses Buch, einen Stift und Deinen sicheren Platz
- Für dieses Mal benötigst Du zwanzig Minuten ohne Unterbrechung, nach zwei oder drei Tagen noch einmal zwanzig - dreißig Minuten.

Blättere zurück und lies bitte durch, was Du zu Deiner ersten Entwicklungsphase des Wurzel-Chakras geschrieben hast (Geburt bis etwa vier oder fünf Jahre). Lies es bitte so, also ob Du über jemanden anderen lesen würdest. Stelle Dir ein Kind vor, das vor Dir sitzt und dies alles erlebt hat. Schreibe diesem Kind einen Brief, der ihm gut tut.

Liebe/Lieber …

Zwei Tage später … komme bitte zu dem Brief zurück und lies alles noch einmal durch mit der Vorstellung, dass es für ein Kind geschrieben ist, das Du nicht kennst.

Wenn Du fertig bist mit Lesen, vervollständige folgende Sätze:

Für das Kind, das dies alles erlebt hat, habe ich Gefühle von (Liebe, Mitgefühl, Ehrfurcht oder Traurigkeit):

---

---

---

Was ich gerne für dieses Kind tun würde (es umarmen, es an der Hand nehmen, auf das Kind aufpassen – Rachegedanken oder Wünsche nach Vergeltung haben hier keinen Platz, denn sie würden weitere Verletzungen nach sich ziehen, zumindest auf der Seelenebene):

---

---

---

Schließe nun Deine Augen und nimm dieses Kind mit so viel Liebe und Mitgefühl auf, wie Du nur aufbringen kannst. Wenn es Dir möglich ist, triff eine tiefe innere Abmachung mit Dir, dass Du es nie verletzen, nie mehr verlassen, nie mehr vernachlässigen wirst.

Wenn es Dir möglich ist, umarme Dein inneres Kind und sei sehr sorgsam im Umgang mit ihm. Nimm Dir etwas Zeit, bevor Du in Deinen Alltag zurückkehrst.

## Übung 4

- Du benötigst einen Platz, an dem Du stehen oder liegen kannst.
- Gestatte Dir etwa zehn Minuten Zeit ohne Unterbrechung.

## Grounding

Eine Grundlage der Chakra-Arbeit. Der Aufbau von Erdverbundenheit.

Zuerst ein paar Worte zu dieser Grundlage. Das Aufbauen dieser Erdverbundenheit funktioniert in etwa wie ein Leuchtstab, ein leuchtender Hinweis, der unsere Verbindung zur Erde absichert und uns davor bewahrt, in den Ätherraum hinweg zu gleiten und die Verbindung zu unserem Menschsein zu verlieren. Es verhilft uns dazu, kraftvoll und in der Realität verhaftet zu bleiben, anstatt unbeständig und brüchig zu werden. Diese Grundlage, das Aufbauen der Erdverbundenheit, kannst Du jederzeit und überall durchführen, es dauert ein paar Momente

*Gib Dir ausreichend Zeit, lasse die Tagesordnung beiseite. Gib Deiner vernachlässigten Seele die Möglichkeit, Dich zu finden und Dich wieder in Anspruch zu nehmen.*
*John O'Donohue, Anam Cara*

oder nur einen Atemzug. Es sollte ein Teil Deiner täglichen Routine werden – idealerweise die erste Handlung am Morgen und die letzte am Abend. Ebenso nach einer Meditation oder einer anderen spirituellen Arbeit, wenn wir mit Kranken oder anderen, etwa mit seelisch gestörten Menschen, zusammen sind, wenn wir gestresst sind und uns außerhalb unseres normalen Gleichgewichts befinden oder wenn wir attackiert werden, körperlich, gefühlsmäßig oder spirituell – immer dann wird diese Übung nützlich. Achte auf körperliche Veränderungen bei dieser Übung. Es könnte sein, dass sich Dein Gefühl für Dein Körpergewicht verändert – vielleicht so, als ob Du nun mehr auf Deinen Fersen ruhst oder leicht nach hinten gebeugt stehst. Es mag sein, dass Du Dich stabiler und klarer fühlst und doch gefüllt mit Energie. Es mag scheinen, als ob die Erde zu Dir aufsteigt mit einem kraftvollen Energiefluss, der wie ein Luftstrom durch Dein Zentrum hindurchweht und Dich mit frischer Kraft versorgt. Die Aufmerksamkeit auf jegliche Veränderung zu richten, hilft zu erkennen, wann die Erdverbundenheit vollzogen ist.

Nun … stelle Dich gerade hin, und wenn dies für Dich aus irgendeinem Grund nicht möglich ist, wird Hinsetzen oder Liegen auch ausreichen. Verhindern körperliche Einschränkungen eine aufrechte Haltung der Wirbelsäule, mache Dir keine Sorgen, überspringe einfach die ersten drei Sätze des nächsten Abschnittes. Energie folgt dem Gedanken, so wird alles geschehen, wie Du es Dir vorstellst und wie es sein soll.

Stelle Dich hin, mit den Füßen flach auf den Boden, beuge Deine Knie leicht, damit Dein Gewicht im Becken ruhen kann. Während Du dieser Anweisung folgst, wird sich der Mittelpunkt Deiner Schwerkraft verändern und Du könntest Dich leicht schwerer fühlen (keine Sorge, Du bist nicht schwerer geworden!). In dieser Position ist Dein innerer Energiekanal in der Wirbelsäule aufrecht und alle Deine Chakras sind eines über dem anderen ausgerichtet. Nimm einen tiefen Atemzug, und wenn Du möchtest, schließe die Augen. Stelle Dir vor, der Atem würde durch Deine Mitte nach unten strömen; sende diesen Leben spendenden Atem durch Dein Wurzel-Chakra und Deine Fußsohlen hinaus. Unsere Plantar-Chakras (kleinere Neben-Chakras inmitten der Fußsohlen) öffnen sich nun auch in Richtung Erde. Stelle Dir vor, dass sich von Deinem Wurzel-Chakra aus ein wunderschönes rubinrotes Licht in die Erde dreht, während Lichtspiralen von Deinen Fußsohlen aus in die Erde hinein kreisen. Stelle Dir vor, dass Du auf diesem Dreifuß aus Lichtstrahlen sitzen könntest und die Erde Dich so sicher hält, als würdest Du auf einem komfortablen Stuhl ruhen. Nimm noch einen tiefen Atemzug und lasse jetzt weißes Licht am obersten Ende Deines Kopfes eintreten und durch Deinen Wirbelsäulenkanal herunter fließen, durch Dein Wurzel-Chakra ausströmen und in die Erde hineingleiten. Fühle, wie Dich frische Energie umgibt und denke daran, die Erde unter Dir und der Himmel über Dir halten Dich sicher und fest. Verweile nun für einen Moment. Strecke dann Deine Beine aus, spanne die Beinmuskulatur wieder an, halte jedoch die Verbindung zur Erde.

Lasse Deine Aufmerksamkeit durch Deinen Körper wandern und merke Dir, wo und vor allem wie es sich jetzt anders anfühlt. Entspanne in diesem Moment – die Erde wird Dich halten. Sende ihr Dankbarkeit und Dein inneres Lächeln. Wenn Du dann bereit bist, Dich zu bewegen, verändere Deine Lage. Die Erdverbundenheit bleibt jetzt erhalten, sicherlich für eine ganze Weile. Bis Du jedoch schließlich daran gewöhnt bist, diese Erdverbundenheit ständig zu halten, prüfe, so oft es Dir einfällt, ob Du verbunden bist oder nicht. Wenn Du normalerweise immer „in Deinem Kopf" verweilst, kann es eine Weile dauern, bis Du diese Verbindung dauerhaft halten kannst. Auch wenn wir eine lange Zeit an uns arbeiten, passiert es zwischendurch, dass wir vom Kurs abkommen, deshalb ist es eine gute tägliche Übung für mehr Bewusstheit.

## Meditationen

Führe die folgenden Meditationen in der angegebenen Reihenfolge durch, um den größten Nutzen daraus zu schöpfen. Du kannst sie so oft wiederholen, wie Du möchtest. In der Zukunft magst Du vielleicht nur die zweite Meditation durchführen, das ist in Ordnung. Wenn Du noch einmal den Abschnitt zum Thema Vergebung lesen möchtest, den findest Du wieder auf der zweiten Seite meiner Einleitung.

### Meditation 1

- Du wirst dieses Buch brauchen, Dein Tagebuch, einen Stift und Deinen sicheren Platz oder einen anderen friedvollen Ort Deiner Wahl.
- Gib Dir mindestens fünfundvierzig Minuten Zeit ohne Unterbrechung.

Falls Deine ersten Jahre des Lebens sehr traumatisch waren, könnte es sein, dass Du für diese Meditationen einen Freund bei Dir haben möchtest, dem Du vertraust, vielleicht sogar einen Therapeuten, obwohl Du sicher sein kannst, Du hast alles überlebt und nichts aus der Vergangenheit kann Dich heute noch verletzen.

Bringe Deinen Körper nun aufrecht sitzend in eine bequeme Lage, so angenehm wie es für Dich erreichbar ist, mit der Wirbelsäule so gerade wie möglich, nutze jede Unterstützung, die greifbar ist und baue Deine Erdverbundenheit auf, fühle sie. Wenn Du unter körperlichen Einschränkungen leidest oder es aus irgendeinem anderen Grund nicht machbar ist, im Sitzen zu meditieren, kannst Du Dich auch hinlegen. Manche Menschen bevorzugen die klassische Yoga-Position mit überkreuzten Beinen.

*Es ist Dein Engagement, Dein Verhältnis zur Welt, das Dir echte Gefühle wahrer Zugehörigkeit gibt.*
*– Susan Jeffers – Gedanken von Kraft & Liebe*

Und jetzt … Nimm einen tiefen Atemzug und halte ihn für einen Moment, um den Nährgehalt daraus zu entnehmen. Erfreue Dich daran und atme aus, lasse langsam jede Unreinheit mit dem Atem hinausfließen. Nimm noch einen tiefen Atemzug und gestatte Deinem Körper, mit der Entspannung zu beginnen. Lasse Deine Schultern fallen und den Stuhl Dein Gewicht tragen, lasse alles Negative durch Dein Wurzel-Chakra und durch Deine Fußsohlen in die Erde fließen. Entspanne. Atme erneut tief ein und langsam aus und nimm Dir Zeit. Atme den Nährgehalt der Luft ein, die Energie, die Du hier an Deinem sicheren Platz gestaltet hast…, und dann, während Du ausatmest, lasse eine Welle von tiefer Ruhe durch Dich hindurchströmen und lasse alles gehen, was Du im Moment nicht länger benötigst. Entspanne.

Richte nun Deine Aufmerksamkeit zurück, weit, weit zurück in die Zeit Deiner Kindheit. Du bist nun zurück am Zeitpunkt der Befruchtung, zurück an dem Moment, an dem sich eine Zelle Deiner Mutter mit einer Zelle Deines Vaters verbunden hat und Deine körperliche Anwesenheit bestimmt wurde; zurück in die Zeit, als Du warm und sicher im Bauch Deiner Mutter geborgen warst. Und nun lasse alle Ereignisse der ersten fünf Jahre Deines Lebens an Dir vorbeiziehen, an die Du Dich erinnern kannst oder die Dir erzählt wurden. Atme und entspanne. Nimm Dir alle Zeit, die Du benötigst. Dann möchte ich, dass Du Dir vorstellst, Du könntest den Zeitraum zwischen Geburt und etwa dem fünften Lebensjahr in ein Paket voll Licht und Liebe einpacken, um es zu heilen. Du musst Dich nicht unbedingt an Einzelheiten erinnern, es sei denn, Du möchtest es…

Packe nun Dein inneres Kind behaglich, warm und sicher in Liebe ein … halte es sachte und sorgsam … halte es fest …halte es in heilender Liebe und Licht.

Und nun, immer noch mit Deinem inneren Kind, behutsam eingepackt in Liebe und Licht in Deinem Herzen, sei sorgsam auch mit Dir. Lasse Dir Zeit. Wenn Du einen Punkt erreichst, an dem Du merkst, dass Du nicht weiter gehen möchtest, halte einfach an, atme langsam und sorgfältig, spüre die Erdverbundenheit und bringe Deine Aufmerksamkeit in den Raum zurück, in dem Du Dich befindest. Du musst nicht auf einmal durch den ganzen Prozess hindurchgehen. Du kannst zurückkehren, wann immer Du bereit bist.

Wenn Du jedoch bereit bist, weiterzugehen ….

Sende einen Lichtstrahl zu dieser Zeit, diesen Orten, den Menschen aus diesen ersten fünf Jahren nach Deiner Empfängnis. Einen leuchtend weißen, heilenden Lichtstrahl, der alles erhellt, die Menschen von damals, die Begebenheiten und die Zeiten und der speziell auch für Dich heute leuchtet. Erkenne, dass Du nicht länger die Vergangenheit mit Dir herumtragen musst. Du kannst diesen Moment erreichen, ohne die Last und den Schmerz der Vergangenheit zu tragen. Du darfst befreit in Deine zukünftigen Tage gehen. Du brauchst die Last nicht länger zu halten. Bereite Dich vor loszulassen – für immer.

Mit einem einzigen Atemzug hole Liebe durch den höchsten Punkt, am Scheitel Deines Kopfes, und lasse dieses Licht der Liebe in Dein Herz. Lasse dieses Licht alles umfassen, alle Menschen aus dieser Zeit, so dass auch sie befreit werden können. Atme. Und während Du das tust, stelle Dir vor, dass die gesamte Bürde dieser Zeit hinweggenommen wird. Zu guter Letzt kannst Du es nun auch gehen lassen. Befreie diese Zeit und lasse sie hinwegschweben, in Licht gebadet. Du hast überlebt. Du bist frei.

Wenn es Dir möglich ist, erkenne, dass die Menschen, die Dich damals verletzt haben, in ihrem eigenen Schmerz gebunden waren, in ihren eigenen Prozessen. Sie haben sich so verhalten aufgrund ihrer eigenen Schwierigkeiten. Obgleich Du jetzt von Ihnen befreit bist, sende ihnen einen Lichtstrahl, wenn Du kannst, und vergib ihnen. So musst Du nicht länger an etwas festhalten, was Dein inneres Wachstum beeinträchtigen kann und die Erfüllung Deines Potenzials behindert. Atme. Fühle ganz diese Freiheit von Ärger, Groll oder Schmerz. Atme.

Und wenn es Dir nun möglich ist, gestatte Dir die Einsicht, dass alles, was geschehen ist, eine Lektion für Dinge war, die Du lernen solltest. Dinge, die Du zu lernen für Dich aufgestellt hast, für diesen Lebensabschnitt. Erkenne, dass diese Menschen als Teil Deines Lebensprozesses notwendig für Deinen Lebensweg waren. Und sende Ihnen nun, wenn Du kannst, vom höchsten spirituellen Blickpunkt aus Liebe, sende ihnen Dankbarkeit und befreie sie von ihrer Bürde der Schuld. Atme. Dehne Dich aus. Erlaube Dir den Frieden der Freiheit, entledigt von der Last der Vergangenheit.

Fühle Dich gereinigt und erfreue Dich an Deiner Heilung. Gestatte dem Gefühl von Freiheit, langsam durch Dein ganzes Sein zu sickern. Nimm diesen Lichtstrahl freundlich an, der durch Deinen Kopf eintritt und langsam und sachte durch Deinen Körper fließt, und erfreue Dich am inneren Frieden. Lasse Dir Zeit … erfreue Dich.

Sei Dir bewusst, dass Dein inneres Kind sicher in Deinem Herzen bewahrt bleibt und Du es so oft besuchen kannst, wie Du möchtest. Wiederhole die tiefe, innere Verpflichtung, für es zu sorgen. Wenn Du bereit bist, komme zurück zu diesem Raum.

> *Es ist ein Vergnügen im Wald ohne Weg,*
> *Es ist voll Entzücken an einem einsamen Strand,*
> *Es gibt eine Gesellschaft, in der niemand den anderen verletzt –*
> *am tiefen Meer und im Tosen der Brandung klingt Musik.*
> *– Lord Byron –*

Bringe Deine Aufmerksamkeit sorgsam durch Deinen Körper nach oben und zurück zu Deinem Herzen. Werde Dir mehr Deines physischen Körpers bewusst. Fühle Deine Finger und Deine Zehen. Gehe weiter hoch mit Deiner Aufmerksamkeit zu einem Platz hinter Deinen geschlossenen Augen und achte nun mehr auf Deine Umgebung und sei sachte. Wenn Du bereit bist, öffne Deine Augen.

❧ ❧ ❧

Nimm einen Schluck Wasser und schreibe in Dein Tagebuch alles auf, was Du möchtest. Mache nun eine Pause, bevor Du die letzte Meditation für das Wurzel-Chakra beginnst.

## Meditation 2

- Du brauchst Deinen sicheren Platz
- Gib Dir etwa dreißig Minuten Zeit ohne Unterbrechung. Schalte das Telefon aus. Versuche, Deine Füße flach auf dem Boden ruhen zu lassen für den Kontakt mit der Erdverbundenheit und halte Deinen Rücken möglichst gerade.
- Du kannst jedoch auch liegend meditieren, wenn du möchtest.

Schließe Deine Augen und richte die Aufmerksamkeit für einen Moment auf Deine Atmung und baue die Verbindung zur Erde auf.

Atme tief, tief ein, halte für einige Sekunden den Atem und gestatte Deinen Lungen, die Nährstoffe aus der Luft aufzunehmen, bevor Du den ganzen Weg langsam und sorgsam ausatmest. Lasse alle Anspannung, alle Furcht mit Deinem Atem gehen. Mit dem nächsten langsamen, tiefen Atemzug fühle, wie Du die Heilung des Universums aufnimmst, und dann, während Du den ganzen Weg ausatmest, entspanne Deinen Körper, gestatte allem Negativen, einfach zu gehen, durch die Sohlen Deiner Füße und durch Dein Wurzel-Chakra hinauszufließen. Entspanne. Nimm noch einen tiefen Atemzug, und während Du dieses Mal ausatmest, tue es mit einem wohligen Seufzer und entspanne weiter und tiefer, stelle Dir vor, wie alle Unreinheiten mit Deinem Atem aus Deinem Körper strömen.

Gehe nun sachte mit Deiner Aufmerksamkeit hinunter durch das Zentrum Deines Körpers bis zum Becken. Stelle Dir vor, Dein Becken wäre eine Schale, dessen Boden vom Damm (Perineum) gebildet wird, dem Ort des Wurzel-Chakras. Hier am Grund der schönen Beckenschale leuchtet ein wundervolles rotes Licht, wie eine purpurrote untergehende Sonne. Erspüre diese Energie und die Wärme dieses Lichtes in Deinem Becken. Beobachte, ob Du durch Deine erhöhte Aufmerksamkeit eine Bewegung empfangen kannst oder vielleicht einen Wechsel der Farbe. Sende liebevolle Gefühle in diesen Bereich und empfange dieselbe Wärme als Antwort. Richte Deine Aufmerksamkeit so lange Du möchtest auf dieses schöne, rote, kreisende Licht. Empfängst Du im Moment eine andere Farbe, ermögliche mit einem Atemzug den Wechsel zur Farbe Rot. Falls Du keine Farbe sehen kannst in diesem Augenblick, mache Dir keine Gedanken. Manchmal braucht die Visualisierung mehr praktische Übung; es wird sich entwickeln.

Lasse nun zu, dass dieses rote Licht sachte beide Beine entlang nach unten strahlt, die Oberschenkel erhellt, die Muskeln belebt, Sehnen und Nerven – jede Zelle und jedes Atom jeder Zelle soll durch dieses Licht erleuchtet sein. Lasse das Ausbreiten des Lichtes nach unten durch die Beine andauern, jede Anspannung, jede Steifheit oder jede Blockade, die den Fluss behindert, soll hinausgetrieben werden. Atme einfach jeden Widerstand hinweg, bis ein ungehinderter Fluss dieser wundervollen Energie möglich wird – wärmend, klärend, heilend und ausgleichend – Deine beiden Beine sind erhellt und klar.

Gehe weiter hinunter, lasse das Licht in die Füße eintreten, in jede Zelle, in jedes Atom jeder Zelle. Sobald Du das Gefühl hast, dass Beine und Füße voll Licht sind, öffne bewusst Deine Plantar-Chakras und lasse das Licht durch die Sohlen Deiner Füße hinausfließen, hinunter in die Erde, wo es tiefe Wurzeln mit der wundervollen Erdenergie verankert und Dich sicher und stabil verbunden mit der Mutter Erde hält.

Sende nun gleichzeitig von Deinem Wurzel-Chakra aus eine Wurzel direkt nach unten. Tiefer, immer weiter, tief nach unten in die Erde, so dass Du verwurzelt und unterstützt bist über diese drei Bereiche und sicher und fest gehalten bleibst. Spüre ein warmes Gefühl von Sicherheit, von Zugehörigkeit, von innerem Wissen, dass Du ein Teil dieses Planeten, dieses Universums bist. Fühle die Wärme, die Sicherheit und das beruhigende Wissen von Zugehörigkeit hier an dem Platz, den Du für Dich gewählt hast.

Verweile so lange Du möchtest. Halte die Verbindung mit der Erde, fühle Dich sicher, fühle Dich gehalten durch die Erde. Erspüre Deine Wurzeln tief unten in der lebendigen Erde. Wie ein starker Baum bist Du beständig und verwurzelt. Du gehörst hierher.

Jetzt ist es Zeit, der Erde zu gestatten, Dich zu nähren. Mit einem Atemzug drehe nun die Richtung des Energieflusses um und ziehe die heilende Energie der Erde hinauf, durch die Wurzeln, die Du tief verankert hast.

Erblicke es als goldene Energie, als heilende Energie, als lebensspendende Energie, Energie von höchster Reinheit, von allem Guten, was je war und je sein wird und Dir nun unendlich und frei zur Verfügung steht – um Dich zu heilen, Dich zu stärken, Dir ein Wohlgefühl zu geben. Lasse diese Energie jetzt durch Deine Beine aufsteigen, durch Deine Oberschenkel und in dieses Kraftzentrum, auf dem Du sitzt – dem Wurzel-Chakra. Erschaue, wie sich die goldene Energie der Erde mit der purpurroten Energie dieses wundervollen kreisenden Chakras vermischt – die heilende Energie der Erde verbindet sich mit Deiner eigenen Energie. Fühle Deine Heilung, während die frische Kraft in Dich einströmt, Dich reinigt und Dich ganz und vollkommen werden lässt. Siehe, wie sich die Blütenblätter des Chakras noch weiter öffnen, während Du die kraftvolle Energie der Erde willkommen heißt und der Heilung gestattest, einfach zu geschehen, in diesem Augenblick zu geschehen. Fühle Dich verwurzelt im Boden und spüre Deine eigene Kraft als lebendigen Teil des Universums, genährt durch die Mutter Erde.

Erlebe bewusst die Energie des Planeten, während sie weiter hineinströmt.

Sammele nun diese Energie mit einem Atemzug und gestatte der Energie, sachte aufzusteigen und Heilung zu bringen, während sie weiter wandert. Sachte, sachte, hoch durch jedes Organ, es erfüllt Dich mit einem Gefühl von Ganzheit und Zugehörigkeit. Dein ganzes Sein ist nun beglückt mit der Energie der Erde und wird stärker. Fühle Dich in diesem Moment ganz klar und gehalten in Deinem Körper. Erfreue Dich daran.

Lasse die Energie weiter strömen, sachte aufsteigen, bis sie aus dem höchsten Punkt des Kopfes sprühen kann und wie ein Brunnen sachte um Dich herumregnet, durch Deine Aura schimmert und weiter auf die Erde hinunter rieselt. Während Du atmest, gestatte der Energie, reich und prachtvoll zu fließen, während Du unter diesem lebendigen Brunnen sitzt. Es könnte sein, dass Du entdeckst, dass dieses Licht eine andere Farbe angenommen hat. Während es aufstieg, ist es vielleicht golden geworden, rosafarben oder weiß. Es ist gut so. Gestatte Dir, gebadet zu sein in diesem nicht endenden Fluss von heilender und klärender Energie. Du bleibst mit der Erde verbunden.

Verweile so lange wie Du möchtest. Erfreue Dich an Deinen Gefühlen. Bleibe verwurzelt und mit der Erde verbunden. In der Mitte Deines Körpers, jedoch mit Freude an der leichten Bewegung, diesem Fluss, dieser nicht endenden Schwingung der Energie, die durch Dich hindurchströmt. Jedes Mal, wenn Du atmest, achte auf Deinen Anteil in dieser stetigen Bewegung, diesen ewigen Kreislauf des Universums. Energie fließt in Dich hinein, hoch durch Deinen Körper und wie eine Kaskade um Dich herum in die Erde zurück, sie ist im Einklang mit der Erde. Sei Dir gewiss in diesem Moment, dass Du hierher gehörst. In diesem Moment hast Du alles, was Du benötigst und noch mehr. In diesem Moment bist Du zu Hause auf dieser Erde, ihr ganz zugehörig.

Wenn Du bereit bist, lasse die Strömung nach und nach langsamer werden und schließlich sachte anhalten, die Gefühle von Sicherheit und Zugehörigkeit verbleiben jedoch. Du wirst in engem Kontakt mit der Erde verbunden bleiben und kannst nun langsam und behutsam die Wurzeln zurückziehen. Mit einem Atemzug und einem Gedanken und voll Dankbarkeit für diese heilende Energie ziehe nun langsam und bedachtsam Deine Wurzeln zurück, die nun die letzten Reste von Energie in sich tragen. Führe sie hoch durch Deine Beine und in Dein Becken, wo dieses purpurrote Licht wieder dahin zurückfindet, wo es seinen Ursprung nahm. Lasse Dein Wurzel-Chakra und die Chakras an Deinen Fußsohlen geöffnet, damit sie Dich für immer mit der Erde in Verbindung halten.

Du bist nun ganz in Deinem physischen Körper zurück. Bestätige noch einmal Deine Absicht, ganz in der Erdverbundenheit zu bleiben.

Leise für Dich selbst und voller Ehrfurcht sprich diese Affirmationen nach:

❧❧❧

*Ich bin ein geliebtes Kind des Universums und bin es wert, Liebe, Frieden und Sicherheit zu empfangen.*

*Ich öffne mich dem Reichtum des Universums.*

*Ich bin bereit, Liebe zu empfangen und zu akzeptieren.*

*Ich öffne mich der kraftvollen Energie unserer Erde, die mich versorgt.*

*Ich bin ein menschliches Wesen und achte meine menschliche Gegenwart.*

*Ich beschließe heute, für meinen Körper zu sorgen und ihn so zu akzeptieren, wie er ist.*

*Ich achte und respektiere meinen Körper als meinen Tempel, in dem ich lebe. Ich möchte ständig dafür sorgen, seine Bedürfnisse nach Essen, Schlaf, Anregung und Fürsorge zu erfüllen.*

Füge nun sorgsam und bedacht jede eigene Affirmation hinzu, die Du wünschst. Es soll Dir eine Hilfe zur Visualisierung sein und Dir die Möglichkeit geben, eine neue Realität zu erschaffen.

Wenn Du bereit bist, gib Deinem Dank in jeder erdenklichen Weise Ausdruck, die Du Dir vorstellen kannst. Und nun komme langsam zurück in diesen Raum. Werde Dir Deines physischen Körpers bewusst. Bewege Deine Finger und Deine Zehen und dehne Dich sachte. Wenn Du so weit bist und Deine Füße fest auf dem Boden ruhen, öffne Deine Augen und sei in der Gegenwart.

Verweile noch etwas in Ruhe, bis Du bereit bist, Dich zu bewegen. Trinke etwas Wasser oder bereite ein warmes Getränk zu und schreibe in Dein Tagebuch alles, was Dir wichtig erscheint.

Und wenn Du fertig bist, lege den Telefonhörer zurück.

## Affirmationen

*Ich bin mit der Erde verbunden und werde von ihr genährt.*
*Ich bin geschützt, klar ausgerichtet und glücklich mit mir.*
*Ich bin zufrieden, hier auf der Erde als Mensch zu leben.*

Hier ist Platz für eigene Affirmationen:

Notizen

# II. Kapitel • Das Sakral-Chakra

*Wenn wir die Sichtweise auf Dinge und Gegebenheiten verändern, können alle Phänomene ein Quell des Glücks sein.*
*XIV. Dalai Lama*

Das Sakral-Chakra ist das Zentrum unserer Gefühle, der Beweglichkeit und Flexibilität, unser Fluss, auch unser Lebensstrom, das innere Gleichgewicht, die Zärtlichkeit und die Pflege und Versorgung von uns selbst und unseren Nächsten. Aus der stabilen Basis des Wurzel-Chakras bewegen wir uns nun hinaus, um uns mit der Welt zu verbinden.

**Was Du mit der Arbeit an Deinem Sakral-Chakra erreichen kannst:**

- Mehr Flexibilität und bewegliche Strömung in allen Bereichen Deines Lebens, einschließlich Deines physischen Körpers mit seinen Flüssigkeitssystemen.
- Ein verstärktes Empfinden für inneres Gleichgewicht sowie Steigerung von Vitalität und Kreativität.
- Engeren Kontakt mit Deiner Sexualität und Sinnlichkeit.
- Mehr Gleichgewicht und Vergnügen in allen Beziehungen.
- Alte Anspannungen im Körper und Starrheit in der Lebenseinstellung können gelöst werden, woraus größere Anpassungsfähigkeit in beiden Ebenen erfolgt.
- Trägheit verändert sich zu Fortschritt und innovativen Entwicklungen.

Schau auf folgende Fragen und versuche herauszufinden, welche Arbeit hier auf Dich wartet.

| | Fragenkatalog zur Selbsteinschätzung |
|---|---|
| ☐ | 1. Hast Du Schwierigkeiten mit Deiner Sexualität, mit dem Geben und Nehmen von sexuellen Freuden? |
| ☐ | 2. Hast Du Schwierigkeiten mit zarten Berührungen oder wenn andere versuchen, Dich zu hegen und zu pflegen? |
| ☐ | 3. Ist es Dir nicht möglich, Dich selbst als sinnliches Wesen zu betrachten und an dieser Eigenschaft Freude zu haben? |
| ☐ | 4. Hast Du Schwierigkeiten, andere zu versorgen? |
| ☐ | 5. Ist es Dir nur schwer möglich, im Gleichgewicht mit Dir selbst und in Beziehungen zu anderen zu leben? |
| ☐ | 6. Hast Du wenig Durchhaltevermögen oder Lebenskraft? |
| ☐ | 7. Lebst Du Deine sexuellen Wünsche in der Phantasie aus? |
| ☐ | 8. Hast Du viele verschiedene sexuelle Partnerschaften, um eine wirklich enge, intime zu vermeiden? |
| ☐ | 9. Hast Du Schwierigkeiten mit Deiner Flexibilität oder Beweglichkeit im physischen Körper, in Deinem Gefühlsleben oder in Deinen Einstellungen? |
| ☐ | 10. Hast Du Probleme mit den Harnausscheidungsorganen, einschließlich der Nieren? |
| ☐ | 11. Hast Du Stauungen in Deinem Flüssigkeitshaushalt? |
| ☐ | 12. Hast Du gynäkologische Probleme? |
| ☐ | 13. Sind Deine Beine oft steif und kannst Du nur schwer tanzen oder Dich grazil bewegen? |
| ☐ | 14. Hast Du Rückenschmerzen im Lendenwirbelbereich? |
| ☐ | 15. Hattest Du Schwierigkeiten, eine Verletzung oder einen Schock, vielleicht im Alter zwischen fünf und acht Jahren? |

Wenn Du die meisten Fragen mit „Ja" beantworten kannst, hast Du wahrscheinlich Probleme mit Deinem Sakral-Chakra. Versuchen wir nun, mehr darüber zu erfahren, damit wir mit einem Heilungsprozess beginnen können.

| Die Grundlagen des Sakral-Chakras: |
|---|
| **Lage:** Etwa acht Zentimeter unter dem Bauchnabel auf Deiner Mittellinie an der Vorderseite Deines Körpers und in Höhe des Kreuzbeines auf der Rückseite Deines Körpers |
| **Farbe:** Es dreht sich in leuchtendem, lichtdurchlässigem Orange. |
| **Aktivierung und Entwicklung:** Das Sakral-Chakra beginnt mit seiner Entfaltung erst dann, wenn die Entwicklungsphase und die Aufmerksamkeit vom Wurzel-Chakra weiter nach oben wandert, im Alter von etwa drei bis fünf Jahren. Es bleibt dann im Zentrum der Achtsamkeit bis zum Alter von acht Jahren. Wir kehren zurück zum Sakral-Chakra im Lebensalter von etwa vierunddreißig Jahren und halten es in unserer Aufmerksamkeit bis zum Alter von achtunddreißig Jahren und noch einmal zwischen vierundsechzig und achtundsechzig Jahren. |
| **Verbundenes Sinnesorgan:** Unser Geschmackssinn ist mit dem Sakral-Chakra verbunden, nicht nur für Essen, sondern auch in der Bedeutung von „Schmecken, was die Welt um uns herum bereithält". |
| **Beziehung zu den Körperdrüsen:** Die Eierstöcke der Frau und die Keimdrüsen des Mannes, genauso das lymphatische System. |
| **Neurologische Anbindung:** Plexus sacralis, dieses Nervengeflecht um das Kreuzbein versorgt die Bereiche Gesäß, Oberschenkel, untere Extremitäten und mit einer kleineren Abzweigung auch den Afterschließmuskel. |
| **Verbindung zur Aura:** Die zweite Aura-Schicht, die Schicht der Emotionen, erscheint als farbige Wolken in Pastelltönen und dehnt sich bis zu etwa zehn Zentimeter über den physischen Körper hinaus aus. |

| Die Aufgaben des Sakral-Chakras: |
|---|
| **Flüssigkeit und Flexibilität:** In allen Bereichen des Lebens – physisch, emotional, in unseren Stimmungen und unserem Verhalten und unseren Meinungen – sorgt das gesunde Sakral-Chakra für Flexibilität und den Fluss der Lebensenergie. |
| **Entwicklung von Beziehungen:** Wir können auf der Sicherheit, der Selbstwertschätzung und der Selbstsicherheit des Wurzel-Chakras aufbauen. Mit dieser Grundlage und durch die verbesserte Beziehung zu uns selbst, ist es nun möglich, unsere Umwelt mehr wahrzunehmen und in Beziehung zu anderen zu treten. |
| **Berührung, Eigenversorgung und sinnliche Freuden:** Sowohl das Herz-Chakra als auch unser Sakral-Chakra verwalten den Tast-Sinn. Im Sakral-Chakra beginnen wir mit der Freude an diesem sinnlichen, versorgenden Vergnügen, andere zu berühren und selbst berührt zu werden. |

**Zärtlichkeit:** Hier beginnen wir den Wert von Zärtlichkeit zu schätzen, beides ist wichtig – zärtlich und liebevoll mit anderen umzugehen und Zärtlichkeit auch von anderen zu empfangen. Es geht darum, eigene zärtliche Gefühle zuzulassen und sie zu offenbaren.

**Sexuelle Intimität und Verlangen:** Im Wurzel-Chakra ist die Sexualität eher als biologisches Bedürfnis mit dem Ziel der Fortpflanzung verankert. Im Sakral-Chakra bekommt die sexuelle Intimität mehr einen Ausdruck von Liebe und Verlangen, Versorgen und gegenseitigem Vergnügen. Von der Erwartung nach sexueller Befriedigung verändert es sich hier zum Wunsch, diese Befriedigung selbst zu geben.

**Verbundenheit und Verpflichtungen eingehen:** Es wird möglich, dass alle, die für eine lange Zeit zusammenkommen, diese Verbundenheit genießen können und sich gegenseitig verpflichtet fühlen.

**Innere maskuline und feminine Ausgeglichenheit:** Integration und Balance unserer männlichen und weiblichen Aspekte in unserem Leben sind die Voraussetzung, diese Ausgeglichenheit auch in Beziehungen zu anderen und in unserer eigenen Welt zu finden.

**Prinzip „Vergnügen-Schmerz":** Das Sakral-Chakra stattet uns mit einem Frühwarnsystem aus, um uns zielgerichtet in unserem Leben zu führen. Es erleichtert unseren Lebensweg und schenkt uns Vergnügen und Freude, wenn wir auf unserem Pfad bleiben, und es macht uns darauf aufmerksam, wenn wir von unserem Weg abgekommen sind. Wir haben dann Sorgen und emotionale Schmerzen.

**Kreativität:** Im Sakral-Chakra wird unsere Kreativität angeregt, Ideen werden im Solarplexus-Chakra geformt, weiter oben im Kehl-Chakra verfeinert und im Stirn-Chakra manifestiert

**Geschmack:** Wir beginnen, das Leben als solches zu schmecken, mit allem, was es zu bieten hat.

**Körperliche Aspekte:** Alle Flüssigkeitssysteme im Körper werden hier verwaltet, der Urogenitaltrakt, das lymphatische System und bis zu einem gewissen Grad auch die Blutzirkulation, die weiblichen Sexualorgane und der Kreislauf der Menstruation.

## Und wenn etwas schief läuft ...

Gab es Störungen in der Entwicklungsphase oder spätere Verletzungen im Bereich des Sakral-Chakras, ist es gut möglich, dass sich im späteren Leben einige der folgenden Schwierigkeiten entwickelt haben.

| | |
|---|
| **Steifheit:** Auf der körperlichen, emotionalen, intellektuellen und spirituellen Ebene sowie auch in unseren Beziehungen zu anderen, in unseren Denkmustern, unserem Verhalten und unseren Meinungen. An beiden Chakras, Sakral- und Solarplexus-Chakra, zu arbeiten, könnte hier Abhilfe schaffen. |
| **Misserfolg beim Thema „Sorge um andere":** Dies zeigt sich als fehlende Fähigkeit, für sich selbst oder für andere zu sorgen, oft bis hin zum Stadium der Verwahrlosung oder Vernachlässigung anderer, der Obhut anvertrauter Menschen. Hier geht es zum Beispiel um physischen oder psychischen Missbrauch von Kindern, die jemandem anvertraut sind. |
| **Fehlende Ausgeglichenheit:** Dies wirft uns in fast allen Bereichen des Lebens aus unserer Bahn. Besonders betroffen sind unsere Beziehungen, da eine fehlende Ausgeglichenheit im männlich-weiblichen Grundprinzip Schwierigkeiten bereitet. Vor allem, wenn wir versuchen, uns diesem sich ewig ändernden inneren Gleichgewicht des anderen anzugleichen, um darin Harmonie zu suchen. |
| **Fehlende Sehnsucht und fehlendes Begehren:** Unser Unvermögen, Begehren und Vergnügen zu empfinden (nicht nur sexuell) und der Verlust von Interesse an sexueller Intimität kann unsere Lebensfreude trüben. Abhängig von der Verletzung, von der Art des früheren Traumas, könnte unser sexuelles Verlangen jedoch auch gesteigert sein, dies geht oft einher mit einem gestörten Wurzel-Chakra. Es kann zu sexueller Abhängigkeit führen, verbunden mit Selbsthass, Frustration und niedrigem Selbstwertgefühl als natürliche Folge davon. |
| **Fehlende sexuelle Befriedigung:** Das Unvermögen zum Orgasmus. Widerwille beim Geschlechtsakt oder der Verlust der Libido bei Frauen und Erektionsstörungen bei Männern können zusammen mit einer generellen Abnahme von lustbetontem Vergnügen auftreten. |
| **Blockierte Kreativität:** Die Kreativität wird nicht geweckt, im Gegenteil, es herrscht eher ein Mangel an Ideen und kreativem Ausdruck. |
| **Unvermögen, den Geschmackssinn zu nutzen:** Es kommt nicht nur vor, dass wir dann den Genuss am Essen verlieren, sondern auch andere Vergnügungen, die das Leben zu bieten hat, bringen keine Freude. |
| Misserfolge beim Versuch, auf das Vergnügen-Schmerz-Prinzip zu hören. |
| Wir ignorieren oder übersehen die Signale, die uns melden, dass unser Leben gerade nicht auf dem richtigen Kurs ist. Damit entgeht uns auch die Möglichkeit, die nötigen Schritte einzuleiten, um unser Lebensschiff zurück zum vergnüglichen Teil zu steuern. |

| |
|---|
| **Suche nach Aufmerksamkeit und Beachtung:** Häufig ist es nicht möglich, auf eine seelisch gesunde Art nach Beachtung und Aufmerksamkeit zu trachten, wir jammern und quengeln, werden versteckt aggressiv, beginnen zu manipulieren und jedes Mittel zu nutzen, um unsere Wünsche zu erreichen. |
| **Körperliche Symptomatik:** Ein Stau im Harntrakt kann den Flüssigkeitshaushalt blockieren, als Resultat wird die Flüssigkeit im Gewebe eingelagert und wiederholte Harnblasenentzündungen, Infektionen, Harnsteine, Nierenentzündungen und ähnliche Probleme sind die Folge. Blockierte Lymphgefäße verursachen geschwollene Knöchel und Beine mit empfindlichen und schmerzhaften Bereichen. Eine reduzierte periphere Blutzirkulation rundet das Bild ab. Menstruationsprobleme und Prämenstruelles Syndrom (PMS) kommen hinzu. Es können noch weitere Probleme genannt werden, wie Minderung der physischen Flexibilität und Geschmeidigkeit, Steifheit von Muskeln und Gelenken, Verlust von grazilen Bewegungen, vorwiegend in der Gegend von Kreuzbein, Hüften und Beinen. Als häufiges Problem zeigen sich auch Schmerzen im Bereich der Lendenwirbelsäule. |

## Aroma-Öle und Heilsteine für das Sakral-Chakra

Öle von Rosmarin und Bernstein sind besonders wertvoll für das Sakral-Chakra, während Karneol, goldener Topas und Tigerauge hilfreiche Heilsteine sind. Karneol, manchmal auch Sarder genannt, hat einen außerordentlichen Effekt auf Stimmung und Gefühl, vertreibt die Furcht, gibt uns Mut, hilft uns ruhig zu bleiben, reduziert Gereiztheit und unterstützt uns im Versuch, unsere Fröhlichkeit und Ausgeglichenheit zu halten, auch wenn Dinge schwierig werden. Goldener Topas bringt unsere Gefühle in Balance, zügelt unser Temperament, stärkt unser Verständnis und fördert so unsere spirituelle Weiterentwicklung. Ein bemerkenswerter Effekt für unsere Kreativität (speziell für unsere künstlerischen Fähigkeiten) bringt mehr Wachstum und Verständnis für neue Konzepte und führt uns zu emotionaler und spiritueller Erfüllung. Goldenes Tigerauge hat die Fähigkeit, unsere männlichen und weiblichen Energien in uns auszugleichen – Yin und Yang – und unterstützt uns sehr sanft in Zeiten von Stress. (Tigerauge ist auch nützlich für das Solarplexus-Chakra, da es einen positiven Einfluss auf den gesamten Verdauungstrakt hat.) Wenn Du Probleme mit sexueller Intimität aufgrund von Missbrauch in der Vergangenheit hast, dann kann Malachit helfen. Du könntest ja einen Stein immer mit Dir herumtragen?

## Und nun zu Dir

Es ist durchaus möglich, dass Du Dich nicht an alles erinnerst, was in der Entwicklungszeit des Sakral-Chakra geschehen ist. Wenn Du Dich jedoch erinnerst oder Geschichten gehört hast, ist nun die Gelegenheit gekommen, alles ins Licht zu heben, was geheilt werden soll. Es kann sein, dass Du Dich auch an wundervolle Dinge erinnerst, wenn das so ist, notiere bitte auch diese Erinnerungen.

Atme. Nimm ein paar tiefe Atemzüge und schreibe alles auf, was Dir einfällt, während Du Dich auf diese Zeiten in Deinem früheren Leben konzentrierst. Sorge Dich nicht um die nächsten Phasen im Zyklus, wenn Du sie noch nicht erreicht hast.

*Die Braut kommt aus dem tiefen Herzen der Dämmerung, Und der Bräutigam vom Sonnenuntergang. Es gibt eine Hochzeit im Tal. Ein Tag, zu gewaltig, um ihn festzuhalten.*
*– Kahlil Gibran –*

Meine Erinnerungen an die Zeit im Alter von vier bis acht Jahren:

Was mir aus dieser Zeit erzählt wurde:

Die wichtigsten Menschen in meinem Leben waren (es könnten Familienmitglieder sein, Lehrer, Freunde, Menschen, die Dich geliebt und Menschen, die Dich verletzt haben):

Meine Gefühle über diese Zeit und zu den Menschen aus dieser Zeit sind:

## Zweite Phase der Aufmerksamkeit

Was ereignete sich in meinem Leben im Alter von vierunddreißig bis achtunddreißig Jahren:

Die wichtigsten Menschen in meinem Leben waren:

Meine Gefühle über diese Zeit und zu den Menschen aus dieser Zeit sind:

## Dritte Phase der Aufmerksamkeit

Was ereignete sich in meinem Leben im Alter von vierundsechzig bis achtundsechzig Jahren:

Die wichtigsten Menschen in meinem Leben waren:

Meine Gefühle über diese Zeit und zu den Menschen aus dieser Zeit sind:

## Was ich dadurch erhalten habe

Zähle nun alle positiven Auswirkungen und Veränderungen in Deinem Leben in der folgenden Liste auf. Zum Beispiel: Ich musste meinen Wohnort wechseln; ich habe mich einer neuen Karriere zugewandt; ich habe mit meiner Selbstheilung begonnen; ich wurde so krank, dass ich Hilfe brauchte. Wenn Du im Moment solche Dinge nicht sehen kannst, überspringe bitte diesen Abschnitt und komme darauf zurück, wenn es mehr Bedeutung für Dich hat. Falls Du so verfahren möchtest, gehe bitte später noch einmal durch beide Meditationen, da sich Deine Fähigkeiten zur Vergebung und Dein innerer Friede bis dahin deutlich gesteigert haben.

*Kreativität ist wichtiger als Wissen.*
*– Albert Einstein –*

Nun hast Du einige Themen aufgewühlt, die aus Ereignissen in Deinem Leben resultieren, die zum Zeitpunkt der natürlichen Entwicklung des Sakral-Chakras geschehen sind. Lasse uns nun mit der Heilung beginnen. Sich selbst gut zu versorgen, ist eine essenzielle Grundlage für ein gesundes und erfülltes Leben. Diese Erfahrung lehrt uns auf dem einfachsten Weg, wie wir auch andere versorgen können. Es folgen nun mehrere Übungen, Meditationen und Affirmationen, die Dich darin unterstützen werden.

## Übungen

Diese Übungen werden Dir helfen, emotionale und physische Schmerzen aus der Vergangenheit zu überwinden, um in eine ausgeglichene, harmonische Zukunft zu gehen.

### Übung 1

Du benötigst:

- Eine ausreichende Menge warmes Wasser
- Dein Badezimmer vorbereitet als meditativen, spirituellen Platz
- Musik
- Warme Handtücher
- Massageöl oder Bodylotion
- Mindestens eine Stunde ohne Unterbrechung

Du könntest diese Übung abends vor dem Schlafengehen einplanen.

Wenn das Sakral-Chakra nicht gesund ist, bleibt alles, von unserer Stimmung bis zu den Muskeln, fest und unbeweglich. Wir fühlen uns angespannt, sind gereizt, verhalten uns abwehrend und können nicht wirklich entspannen. Wie anstrengend! Bereite Dein Badezimmer als stimmungsvollen Platz vor. Nimm dazu Kerzen, Düfte oder Aroma-Öle und sanfte Musik. Richte warme Handtücher für Dich her. Bereite warmes Badewasser vor und mache es Dir gemütlich. Umgib Dich mit schwimmenden Blumen oder stelle Dich unter eine warme Dusche und halte einen Deiner Heilsteine fest. Denke daran, Dein Sakral-Chakra hat eine spezielle Beziehung zu Deinem Kehl-Chakra. Während Du mit der Entspannung beginnst, sprich oder singe eine Affirmation oder ein Mantra oder benutze einfach den Klang Deiner Stimme. Entspanne und werde leicht, physisch, emotional und spirituell. Erweitere Deine Grenzen, vermische Dich mit dem Wasser und lasse alles gehen, was Du nicht benötigst. Stelle Dir vor, dass alle Blockaden und Schmerzen ins Wasser entlassen werden, davonschweben und Dir gestatten, gereinigt und geheilt zurückzubleiben. Jede der folgenden Affirmationen sind nützlich, doch gehe auf Entdeckungsreise und gestalte Deine eigenen.

*Ich schwebe mit der natürlichen Harmonie des Universums und gestatte mir, alle guten Dinge, die es für mich bereithält, dankbar anzunehmen.*
*Alles entwickelt sich in der göttlichen Ordnung. Was auch immer geschieht, wird das sein, was ich benötige.*
*Der natürliche Fluss des Universums bringt mich zu Harmonie und Ausgleich, mit mir selbst und mit der ganzen Menschheit.*
*Ich öffne mich meiner Sexualität und bin fähig, mich am sinnlichen Vergnügen zu erfreuen, für das mein Körper geformt wurde.*

Wasche und massiere mit langen Strichen ganz sanft Deinen Körper und gehe mit kreisenden Bewegungen über Deine Gelenke. Bestätige Deine Schönheit, Offenheit und Gesundheit. Danach ruhe wieder im warmen Wasser. Verweile so lange Du möchtest, doch achte darauf, dass Du in der Badewanne nicht einschläfst. Verwöhne Dich mit einer duftenden Lotion und hülle Dich in ein warmes Badetuch oder eine bequeme Kleidung und ruhe für eine Weile bei gedämmtem Lichtschein und mit Kerzenlicht. Werde Dir Deines Körpers bewusst und seiner intimen Verbindung zu Deinen Gefühlen. Erlaube Dir, mit sanfter Musik dahinzuträumen, und wenn Du möchtest, schlafe etwas oder ruhe in Deinem Bett aus. (Denke bitte daran, die Kerzen zu löschen.)

## Übung 2

Du benötigst:

- Dieses Buch und einen Stift
- Gib Dir etwa dreißig Minuten Zeit ohne Unterbrechung.

Schreibe einen Brief an Dich, als ob es ein Brief für Deinen besten Freund/ Deine beste Freundin wäre. Erzähle ihm/ihr, wie sehr Du sie magst, welche Eigenschaften Dir am besten gefallen und welche Du sehr respektierst. Erzähle ihm/ihr, wie stolz Du bist. Erzähle alles, was Dir Positives einfällt – Komplimente oder liebevolle Dinge. Verabrede Dich dann, um etwas Zeit mit ihm/ihr zu verbringen. Biete ihm/ihr mindestens eine Gelegenheit an, um etwas wirklich Spezielles zu unternehmen, und mache daraus eine feste Vereinbarung, um ihn/sie auszuführen. Unterschreibe diesen Brief mit „Dein bester Freund/Deine beste Freundin …" (Wenn die folgenden Zeilen nicht ausreichen, um Deinen Brief zu vollenden, nimm ein anderes Blatt Papier und klebe es später in dieses Buch.)

Lieber/Liebe…
______________________________________________
______________________________________________
______________________________________________

## Übung 3

Du benötigst:

- Dieses Buch und einen Stift
- Lasse Dir etwa zwanzig Minuten Zeit ohne Unterbrechung.

Obwohl wir instinktiv wissen, welche Bedürfnisse wir haben, machen es Blockaden im Sakral-Chakra oft schwierig, unsere inneren Wünsche wirklich wahrzunehmen. Dazu ein einfaches Beispiel: Ich könnte denken, dass ich hungrig bin und etwas essen möchte; wenn ich jedoch nicht mehr darauf achte, vergeht mein Hungergefühl. Mit diesem Beispiel soll offensichtlich werden, dass ich nur einen inneren Drang nach irgendetwas verspüre. Vielleicht bin ich gelangweilt, ärgerlich oder verletzt. Die Kompensation durch Nahrung ist eine Möglichkeit, um dies zu heilen, es gibt dafür jedoch weitaus bessere Lösungen. Ich könnte meditieren, spazieren gehen, meinen Ärger erzählen oder jemanden fragen, ob er mich umarmen könnte. Durch Konditionierungen aus der Vergangenheit fehlen mir ein paar kognitive, erkennende Fähigkeiten – vielleicht wurde ich als Kind mit Eiscreme oder Süßigkeiten getröstet, wenn ich weinte – und wir stürzen uns auf das Essen, ohne nach dem tieferen Grund unseres Unbehagens zu suchen. Das Wichtige, wenn dieses Gefühl auftritt, etwas zu benötigen, ist zu verstehen, dass dann auch wirklich ein Bedarfsfall besteht – es muss nur nicht gerade die Schokolade sein! Schreibe Dir eine Liste mit mehreren vergnüglichen Alternativen auf, um für solche Krisenzeiten gerüstet zu sein. Beispielsweise könnten das dann ein Spaziergang, Schwimmen, wundervolle Musik hören oder einen Freund anrufen sein. Wenn Du nun das nächste Mal das Verlangen nach irgendetwas verspürst, wähle nicht die Schokolade, sondern etwas aus Deiner Liste. Die vorliegenden Übungen dienen dazu, die Blockaden in Deinem Sakral-Chakra zu lösen. Mit etwas Geduld und mehr Zeit wirst Du Dich von dieser Seite her selbst mehr kennenlernen. Das wird Dir helfen.

*Unterstützende Aktivitäten*

### Übung 4

Diese Übung ist zweigeteilt und unterstützt Dich bei der Durchsicht zum Thema „Balance und Ausgeglichenheit" in Deinem Leben.

Teil A

Du benötigst:

- Dieses Buch und einen Stift
- Verschiedene Farbstifte

Halte zuerst nach den Möglichkeiten für Ausgeglichenheit in Deiner Kindheit Ausschau.

Stelle Dir nur einige Gebiete aus Deinem Leben vor: Deinen Körper (K), Deine Gefühle (G), Deinen Intellekt (I), Deine Spiritualität (Sp), Du als ein Teil der Gesellschaft (GE) und Deine Beziehungen (B) – und nun setzen wir dies in ein Diagramm (i), um die Möglichkeiten in der Kindheit darzustellen. Idealerweise entwickeln wir alle Teile gleichwertig (Diagramm ii). Unglücklicherweise schaut es bei uns sehr oft wie im Diagramm (iii) aus. Vielleicht möchtest Du während dieser Übungen auf die verschiedenen Aspekte Deines Lebens schauen: Familienleben, Hobby, Arbeit, Dienst am Nächsten oder ähnliches. Warum nicht mit dieser Übung beginnen?

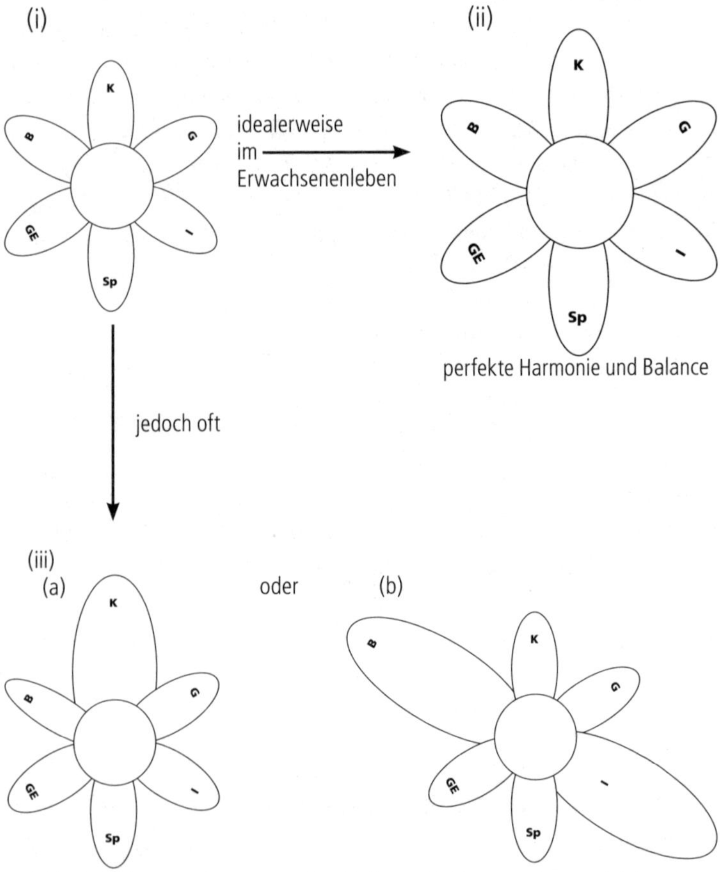


Ungleiche Entwicklungen im Leben verursachen häufig ein Gefühl von Unvollkommenheit in mehreren Bereichen des Lebens. Figur (a) weist Probleme in den Aspekten Beziehungen, Spiritualität und Gefühle auf, während (b) wenig Anerkennung des physischen und emotionalen Seins zu erkennen gibt, dafür jedoch eine große Entwicklung im intellektuellen Bereich, und so könnte es sein, dass viele Beziehungen emotionslos verlaufen. Solche Unausgeglichenheit kann in jedem Bereich in Erscheinung treten.

1. Was benötigst Du, um Dein Leben in Harmonie zu schwingen?
2. Welchen Bereich hast Du bisher vernachlässigt?
3. Setze Dir Ziele für alle Gebiete, die Deiner Aufmerksamkeit bedürfen, mit richtigen Terminvorgaben, um Änderungen vorzunehmen (erwarte jedoch bitte nicht von Dir, alles auf einmal zu tun).
4. Mache Dir eine Notiz, in sechs Monaten zu dieser Seite zurückzukehren, und zeichne Dein Leben dann noch einmal auf.

## Teil B – innere maskulin-feminine Balance

Schaue Dir die folgende Liste männlicher und weiblicher Eigenschaften an und suche Dir die Punkte heraus, die Du in Fülle hast. Idealerweise hast Du hier einen Ausgleich in der Anzahl an Charakteristika in beiden Säulen.

| Positive männliche Elemente | Positive weibliche Elemente |
|---|---|
| Eigenschaften wie: | Eigenschaften wie: |
| ☐ Tatkraft | Kreativität ☐ |
| ☐ Logik | Kunst ☐ |
| ☐ Organisation | Musik ☐ |
| ☐ Schwung | Verbale Fähigkeiten ☐ |
| ☐ Ehrgeiz | Nähren ☐ |
| ☐ Mathematik und Zahlen | Räumliches Bewusstsein ☐ |
| ☐ Tabellen und Reihenfolgen | Vorstellungsvermögen ☐ |
| ☐ Linearität | Struktur und Farbe ☐ |
| ☐ Analyse | Bildliche Vorstellungskraft und Visualisierung ☐ |
| ☐ Assoziierungen | Das Vermögen, komplexe Gegebenheiten insgesamt zu sehen ☐ |
| ☐ Zeitrahmen | Die Eigenschaft, viele verschiedene Aufgaben gleichzeitig zu erledigen ☐ |
| ☐ Aktion und Durchsetzungskraft | Die Verbindung von Hegen und Pflegen ☐ |
| ☐ Verwaltung durch die linke Gehirnhälfte | Verwaltung durch die rechte Gehirnhälfte ☐ |

Bei den meisten sehr ausgeglichenen Männern steht das männliche Prinzip im Vordergrund, im Gleichgewicht mit dem weiblichen Prinzip und unterstützt durch weibliche Eigenschaften. Bei den Frauen ist das Gegenteil der Fall.

In Beziehungen (ob heterosexuell oder homosexuell) gibt es idealerweise einen Ausgleich in jedem Partner.

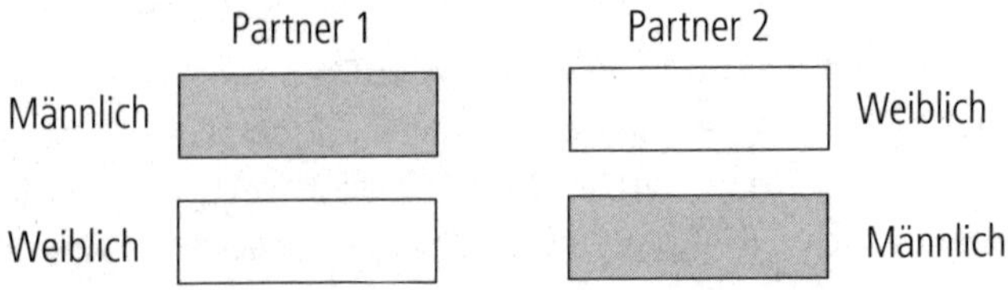


In diesem Beispiel sind die männlichen und weiblichen Elemente bei jedem Einzelnen ausgeglichen und somit auch innerhalb der Beziehung. Das ganze Gefüge befindet sich in Harmonie und Ausgeglichenheit, und jeder der Partner kann in sich und in der Partnerschaft ruhen.

Wenn jedoch das männliche Prinzip in jedem der Partner stark entwickelt ist, kann die Beziehung aussehen wie folgt:

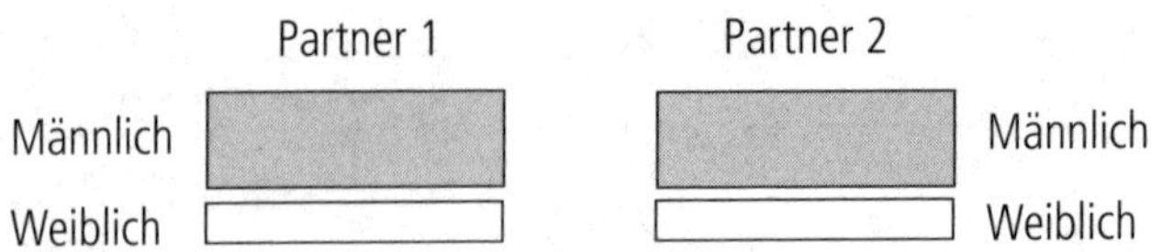


Diese Beziehung zeigt ein Übergewicht an männlichen Charaktereigenschaften. Solche Verbindungen erfahren oft harte Zeiten durch Aggression, Machtspiele und Intellektualisierung, und das Thema „Hegen und Pflegen" füreinander steht im Hintergrund.

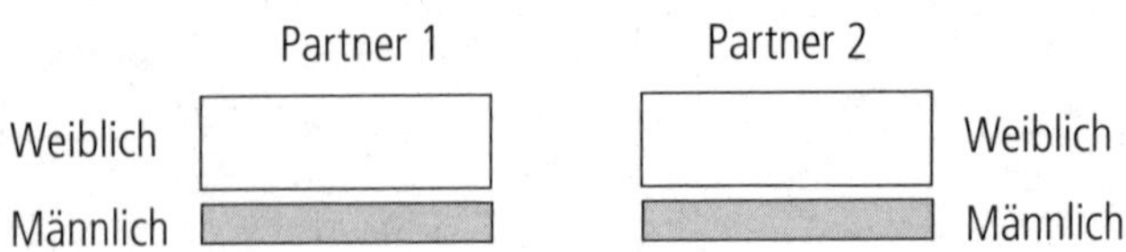


Trifft dieses Modell für eine Beziehung zu, dann finden wir eine Verbindung, der klare Ziele, Elan und Kraft fehlen. Das „Hegen und Pflegen" ist jedoch auf beiden Seiten stark ausgebildet.

Wenn Du im Moment in einer Beziehung lebst, Dich aber wunderst, warum diese Beziehung oder die letzte (oder mehrere vorhergehende) nicht gut harmonierten, dann skizziere nach den oben genannten Beispielen die Verteilung der männlichen und weiblichen Elemente in Dir und Deinem Partner. Schau auf die Tabelle der weiblichen und männlichen Qualitäten, um Dir Deiner inneren Balance bewusst zu werden. Nutze weitere Blätter, wenn Du noch mehr Beziehungen nach diesem Modell bearbeiten möchtest.

**Ich** **Partner**

Was kannst Du tun, um die Charaktereigenschaften, die noch Entwicklung benötigen, zu unterstützen? Somit kannst Du die Initiative übernehmen, um verzerrte oder verschwundene Eigenschaften wieder hervorzuheben.

Ein Beispiel: Dein männliches Prinzip benötigt vielleicht einen Kurs in Selbstbehauptung, um das Aggressionspotenzial zu mindern.
Dein weibliches Prinzip könnte lernen, Grenzen zu setzen.
Dein männliches Prinzip könnte lernen, den anderen zu berühren und zu pflegen.
Dein weibliches Prinzip könnte lernen, sich besser zu organisieren.

Ich sollte lernen:

(Bitte denke daran, dass die einzigen Dinge, die Du ändern kannst, in Dir selbst liegen. Dein Partner muss für sich selbst sorgen, die Initiative für ihr/sein eigenes Wachstum selbst übernehmen. Du kannst jedoch sicher sein, wenn Du Änderungen vornimmst, wird es Dein Partner auch tun, da sich die Energie in Eurer Partnerschaft verändern wird.)

# Meditationen

## Meditation 1

Du benötigst:

- Deinen heiligen Platz
- Eine Stunde Zeit ohne Unterbrechungen

Wenn eine aufrechte Sitzhaltung bequem ist, so ist dies in Ordnung, doch ist es wichtig, dass Du eine Position wählst, in der Du für eine längere Zeit komfortabel verweilen kannst.

Beginne damit, die Aufmerksamkeit auf Deinen Atem zu lenken. Atme wunderschönes weißes Licht durch den höchsten Punkt an Deinem Kopf ein. Lasse es hinunterscheinen durch jede Zelle, jedes Atom jeder Zelle. Es wirkt klärend, heilend und ausgleichend. Es bringt Deinen Körper in Harmonie und Ausgeglichenheit. Nimm noch einen tiefen Atemzug, und während Du dies tust, entspanne dich tiefer. Lasse alles, was Du in diesem Moment nicht benötigst, hinausfließen durch Dein Wurzel-Chakra und durch Deine Fußsohlen.

Bald wirst Du damit beginnen können, Dinge zu heilen, die Dich im Alter zwischen vier und acht Jahren verletzt haben. Gestatte Dir einfach, diese Begebenheiten in Deine Erinnerung zu rufen. Es ist nicht nötig, dass sie Dich heute schmerzen – Du hast sie überlebt und alles ist in der Vergangenheit geschehen. Lasse alles gehen, was jetzt für Dich notwendig ist, um diese Erinnerungen zu heilen, lasse sie los, damit Du nicht weiter davon abgehalten wirst, Dein Leben in Fülle zu leben. Nimm noch einen Atemzug und atme ganz tief aus.

Sammele sachte und behutsam alle Begebenheiten der damaligen Zeit, die Menschen und die Plätze – und atme Licht hinein. Während Du sie in Licht badest, sammele sie ein, in ein großes Paket voll Licht, das Du nun heilen wirst. Nimm Dein inneres Kind, Dein Kindheits-Ich, umhülle es mit Liebe und Mitgefühl und halte es zärtlich fest. Sei Dir bewusst, dass es beschützt ist.

Wenn Du nun bereit bist, sende mit einem Gedanken Heilung und Vergebung in diese Zeit, zu diesen Ereignissen und wenn möglich auch zu den Menschen, die damals beteiligt waren. Lasse Licht scheinen um alles herum und durch alles hindurch, damit die Vergangenheit heilt und Du frei sein kannst. Lasse heilendes Licht auch zu Deinem inneren Kind strömen und nimm es in Dein Herz auf.

Wenn es Dir möglich ist – und nur wenn es Dir möglich ist – dann hebe Deine Fähigkeiten zur Vergebung auf eine zweite Stufe.

Nimm eine spirituelle Perspektive zu diesen Ereignissen ein und schaue auf alles, was geschehen ist. Erkenne, dass für die Handlungen der Menschen und für ihre Reaktionen die eigenen Verletzungen und Verwundungen, die eigenen Schmerzen eine große Rolle spielen. Auch sie waren auf dem Pfad der eigenen Entwicklung wichtig. Wenn Du kannst, nimm es mit Verständnis und Mitgefühl an. Wenn es Dir möglich ist, vergib ihnen und befreie Dich damit, für jetzt und für immer. Lasse alles los. Du kannst frei sein … Vergib.

Lasse Dir Zeit.

Wenn es Dir möglich erscheint, gehe noch eine Stufe höher. Von diesem spirituellen Ausgangspunkt kannst Du vielleicht erkennen, dass die Ereignisse und die Menschen aus dieser Zeit Lehrer für Dich waren. Sie haben Dich Dinge gelehrt, die auf Deinem Weg zur Ganzheit und Vollkommenheit zu lernen nötig waren.

Was Du gelernt hast, ist unabdingbar wichtig für Deinen Lebensweg. Vielleicht kannst Du auf diese Weise alles und jede Begebenheit betrachten. Sie waren hilfreich, um Deinen Prozess der Erkenntnis zu begleiten. Diese Menschen zeigten sich damit einverstanden, Dir die Erfahrungen zu vermitteln, die für Dich nötig waren. Wenn Du sie als Deine Lehrer wahrnehmen kannst, wirst Du sie vielleicht auch mit Liebe, Verständnis und sogar mit Dankbarkeit betrachten. Wenn es Dir möglich erscheint, danke ihnen und lasse sie gehen. Nimm Dir alle Zeit, die erforderlich ist, und atme langsam und tief.

Sende Dankbarkeit an die Dir höchstmögliche Instanz und nimm Dein inneres Kind mit Achtsamkeit an. Bemerkst Du, dass sich Dein Gefühl für Friede und Gelassenheit jetzt verändert hat?

Mit einer neuen Gefühlsempfindung, mit einer Welle von Zärtlichkeit in Deinem Herzen, bringe Dein Kindheits-Ich noch einmal mit Deinem ganzen Wesen in Einklang. Gib Dir selbst das Versprechen, immer für Dein

*Wenn wir uns selbst die Liebe geben, die wir brauchen … wird unser Leben mit anderen voll Freude, voll reizender, spielerischer Berührungen sein – in jedem Moment in Fülle.*
*– unbekannter Autor –*

inneres Kind zu sorgen, es zu lieben und zu ehren und es nie mehr zu verlassen. Verweile so lange Du möchtest, bis Du bereit bist, zurückzukehren.

Nimm nun einen weiteren tiefen Atemzug, versichere Dich, dass Du gut geerdet bist und wende Deine Aufmerksamkeit zurück an den Platz hinter Deinen geschlossenen Augen. Fühle Deine Finger und Deine Zehen, und wenn Du wieder zurück in Deinem körperlichen Bewusstsein bist, ganz wach und geerdet, dann öffne langsam und sachte Deine Augen.

❧❧❧

Trinke etwas Wasser und schreibe nun in Dein Tagebuch, was Du möchtest, oder notiere hier Deine Ideen.

## Meditation 2

Nutze die gleiche Art und Weise für die Einleitung wie vorher, gehe an einen behaglichen und bequemen Platz in Dir selbst. Lasse alles los, was Du im Moment nicht benötigst – und entspanne.

❧❧❧

Richte nun Deine Aufmerksamkeit in das Zentrum Deines Körpers, in Dein Herz-Chakra, in Dein Solarplexus-Chakra und hinab bis zum Sakral-Chakra. Stelle Dir dort ein wunderschönes orangefarbenes Licht vor – eine strahlende Energie. Beobachte, wie es sich dreht und funkelt. Fühle diese feinen Bewegungen.

Gestatte Dir, nun vorsichtig und sorgsam in dieses Licht einzutreten und hindurchzugehen mit einem Gefühl von Verzückung über diese Möglichkeit der Ausdehnung. Lasse Dich behutsam weiter tragen, durch das Licht hindurch, bis Du wunderbar klares Wasser erreicht hast. Die Strömung ist sachte. Fühle das weiche Wasser sanft um Dich. Deine Atmung ist leicht und einfach. Alles fließt leise und behutsam.

Fühle die zärtliche Berührung des Wassers auf Deiner Haut, fühle das Streicheln und milde Massieren des Wassers an Deinem Körper – eine friedliche, fließende Bewegung. Lasse Dich davon tragen. Genieße die sinnliche Freude der Bewegung im Wasser ohne Aufwand und Anstrengung.

Gehe weiter, wohin Du möchtest. Dein Körper ist leicht und beweglich. Fühle es. Dein Körper bewegt sich im Rhythmus des Wassers, fließend, sanft strömend – ein weiches, geschmeidiges und ruhiges Fließen.

Dehne Dich aus, so weit Du möchtest. Dieser wunderschöne, geruhsame, heitere Platz gehört Dir. Du kannst den Frieden und die Ruhe fühlen. Nimm Dir die Zeit, die Du brauchst. Wenn Du nun bereit bist, schaue nach rechts, und mit Erleichterung wirst Du ein wunderbares, kraftvolles und doch sanftes Wesen sehen, das nun auf Dich zukommt. Du fühlst seine Kraft, seine Schönheit, seine Vitalität und seine tiefe, rücksichtsvolle Liebe zu Dir. Beobachte es, während es sich Dir nähert. Sende ihm liebevolle Gedanken entgegen, heiße es willkommen. Spüre diese belebende Kraft. Das ist Deine männliche Kraft, das männliche Prinzip in Dir. Erfreue Dich daran. Berühre es. Empfange es. Freunde Dich damit an. Fühle diese Gegenwart, das Wohlwollen, die Schönheit und diese beschützende Kraft. Erspüre diese außerordentliche Stärke. Erfreue Dich daran und sende eine liebevolle Botschaft zu dieser Energie. Sie sollte nun neben Dir zur Ruhe kommen können.

Schau nun auf Deine linke Seite, und Du wirst ein anderes Wesen sehen, das hier auf Dich zukommt. Behutsam und sachte, wunderschön und lieblich, jedoch mit Kraft und Weisheit in seiner Verletzlichkeit. Du kannst das Strahlen und diese sanfte, wundervolle Kraft sehen. Du fühlst seine liebende Leidenschaft, seine geheimnisvolle Schönheit. Spüre diese tiefe, leidenschaftliche Liebe zu Dir. Betrachte es und halte es in Deinem Blick. Sende warme, liebende Gedanken und heiße es willkommen, denn es ist Dein weibliches Prinzip. Erfreue Dich an dieser Sanftheit, dieser versorgenden Kraft und an der Gelassenheit. Begrüße es. Berühre es. Freunde Dich an. Beobachte die eleganten Bewegungen und lade es mit einer liebevollen Botschaft ein, auch neben Dir zu ruhen.

Während Du weiter beobachtest, verbinden sich beide Kräfte zu einem wunderbaren, anmutigen, wirbelnden, leichten Tanz. Sie bewegen sich zusammen, fließen ineinander, umhüllen einander, wirbelnd, tanzend, sich annähernd und voneinander wegbewegend, nur um sich danach wieder zu vereinen in vollkommener Harmonie. Betrachte ihre Bewegungen. Erspüre die Liebe füreinander und spüre die Liebe zu Dir. Fühle Dich selbst und die Stimmung, mit der Du verbunden bist, angefüllt mit Liebe und Freude. Erlebe ihre Lebendigkeit, ihre Kreativität, ihre Harmonie und ihre Ausgeglichenheit. Sie geben Dir ein Zeichen. Du fühlst Dich zu ihnen hingezogen, folge Deinen

Gefühlen. Verbinde Dich mit ihnen, vermische Dich mit ihrer Energie. Du bist eingeladen, an diesem wundervollen Tanz teilzuhaben. Du vereinigst Dich mit ihnen. Erfahre mit all Deinen Sinnen Deine eigene wundervolle Schönheit. Fühle Deine Kraft und Deine Ganzheit. Erfreue Dich daran.

Fühle die Strömung in Dir. Lasse ein sanftes, stetiges Fließen zu, sowohl innen als auch um Dich herum. Dein Kreislauf bewegt sich leicht und frei. Deine Zell- und Gewebsflüssigkeit strebt leicht fließend durch Dein Gewebe, klärend und heilend – es heilt Dich, heilt Deine Beziehungen, heilt Dein Leben. Eine ganz tiefe Heilung und Klärung sowie ein neues inneres Gleichgewicht stellen sich ein. Spüre diese fließenden Bewegungen Deines Körpers, spüre diese Schwingungen und die Freiheit, mit der Du diese Bewegungen durchführen kannst. Fühle Dich versorgt. Empfange einfach. Gestatte Dir das Glück, Mensch zu sein, versorgt zu werden und frei zu sein.

Bereite Dich nun in Deiner wunderbaren Vollkommenheit, Dein männliches und weibliches Prinzip vereint in Harmonie und Ausgleich, in Frieden und Gelassenheit, auf die Rückkehr vor. Nimm Dir die Zeit, die Du brauchst. Halte alles in Dir fest, was Du erfahren durftest, komme jetzt langsam zurück zum Licht, diesem orangefarbenen Licht, nähere Dich mehr und mehr und tritt ein. Fließend, sachte fließend durch hell strahlendes Licht, kommst Du wieder zurück durch Dein Sakral-Chakra. Behutsam und leise. Entspanne und genieße den Augenblick. Lasse Dir Zeit.

Nimm einen tiefen Atemzug, und wenn Du bereit bist, richte Deine Aufmerksamkeit wieder zurück auf Deinen physischen Körper. Kehre vorsichtig zurück in diesen Raum, behutsam zurück in die Gegenwart. Wende nun Deine Aufmerksamkeit auf einen Platz hinter Deinen geschlossenen Augen, und wenn Dir Dein physischer Körper bewusst ist, atme noch einmal langsam und tief ein und aus. Spüre Deine Finger, spüre Deine Zehen und die tiefe Verbundenheit mit der Erde; und wenn Du bereit bist, öffne Deine Augen, sachte und behutsam. Sei hier in der Gegenwart und fühle Deine Erdverbundenheit. Bleibe für einen Moment, wo Du bist. Nimm noch einen tiefen Atemzug, und wenn Du bereit bist, dehne und strecke Dich etwas.

Trinke etwas Wasser und schreibe nun in Dein Tagebuch, was Du möchtest oder notiere hier Deine Ideen.

## Affirmationen

*Wer vor dem Schmerz flüchtet, wird den Schmerz wiederfinden, und alle, die der Schlange zu Beginn entkommen, werden dann dem Drachen begegnen.*
*– Rumi –*

*Mein Leben verläuft in Harmonie und Ausgeglichenheit. Ich gleiche mich dem Fluss der Natur und des Universums an.*
*Ich teile meine Schönheit und meine Fähigkeiten, andere zu versorgen, mit allen Menschen. So verläuft mein Leben wie ein harmonischer Tanz.*
*Ich erfreue mich an meiner Sexualität und meiner Sinnlichkeit und bin frei, so zu sein, wie ich bin.*

Gestalte eigene Affirmationen

Notizen

*Sollte ich mein Leben noch einmal leben müssen, würde ich wagen, das nächste Mal mehr Fehler zu machen.*
*– Nadine Satir –*

# III. Kapitel • Das Solarplexus-Chakra

*Ich widme mein Leben meiner inneren Kraft. Mit dieser Widmung entfalte ich auf natürliche Weise das höchste Potenzial meines Seins.*
*– Unbekannter Autor –*

Wir bauen auf der Sicherheit des Wurzel-Chakras die Flexibilität des Sakral-Chakras und kommen nun zum Solarplexus-Chakra, das für Kraft, Wille, Potenzial, Motivation und Schwung steht. Es ist auch das Chakra des Intellekts, denn hier beginnen wir, unsere Meinungen zu formen.

Was Du mit der Arbeit an Deinem Solarplexus-Chakra erreichen kannst, ist der Aufbau klar strukturierter Meinungen und Einstellungen, die weiterhin flexibel bleiben.

- Der Wille zur Steigerung der Eigendynamik.
- Die eigene innere Stärke und Freiheit entdecken.
- Beharrlichkeit im Leben, auch bei schwierigen Lebensumständen.
- Grenzenlose Möglichkeiten – für die Arbeit, für Umgestaltungen im Leben, um das zu werden, was wir sein wollen, um Wünsche und Ziele zu verwirklichen, um glücklich zu sein und das eigene Leben auf den Weg zu lenken, den wir uns vorstellen.
- Umwandlungen in Dir selbst und in Deinem Leben immer weiter in Richtung Frieden und Zufriedenheit steuern.

Schaue nun auf die folgenden Fragen, um einzuschätzen, welche Arbeit auf Dich wartet.

| | Fragenkatalog zur Selbsteinschätzung |
|---|---|
| ☐ | 1. Bist Du ein Hitzkopf und häufig eher ärgerlicher Natur? |
| ☐ | 2. Hast Du Schwierigkeiten im Umgang mit Autoritäten, fühlst Dich dann entweder klein und unwichtig oder aggressiv und rebellisch ? |
| ☐ | 3. Steigt manchmal unkontrolliert Ärger oder auch Wut in Dir hoch (vielleicht beim Genuss von Alkohol), und hast Du zu anderen Zeiten Schwierigkeiten damit, dies zu bewerten? |
| ☐ | 4. Hattest Du Kummer, Verletzungen oder Traumatisierungen anderer Art im Alter von acht bis zwölf Jahren? |
| ☐ | 5. Fühlst Du Dich manchmal absolut kraftlos und dann wieder so kraftvoll, dass Du fast Angst davor hast? |
| ☐ | 6. Hast Du Schwierigkeiten, Dein Potenzial zu verwirklichen, egal wie schwer Du dafür arbeitest? |
| ☐ | 7. Hast Du Probleme mit Deinem Willen und Deinem Durchsetzungsvermögen? Fühlst Du Dich eher durch andere geführt und bewertet – und somit schwach – oder bist Du sehr eigensinnig und gehst Deinen Weg, egal mit welcher Konsequenz? |
| ☐ | 8. Fühlst Du Dich manchmal eher als Opfer und abhängig von der Barmherzigkeit anderer? |
| ☐ | 9. Werden Pläne von Dir vereitelt oder verletzt? Musst Du für Dein inneres Gleichgewicht immer sofort handeln? |
| ☐ | 10. Pendelst Du von einem Extrem zum anderen – etwa von Unterwürfigkeit zu Aggression, von Ruhe und Gelassenheit zu explosivem Ärger, von Geduld zu Frustration, von Liebe zu Hass, vom Energiebündel zu absoluter Erschöpfung, von innerem Getriebensein zu Selbstzufriedenheit? |
| ☐ | 11. Ist es für Dich schwierig, Wohlstand zu erreichen, egal wie stark Du dafür arbeitest und auch ungeachtet der guten Dinge in Deinem Leben? |
| ☐ | 12. Hast du Schwierigkeiten, die Verantwortung für Deine eigenen Aktionen zu übernehmen und neigst Du dazu, anderen dafür die Schuld zu geben, wenn Dinge schief laufen? |
| ☐ | 13. Versuchst Du externe Umstände und Gegebenheiten zu kontrollieren, auch die Menschen um Dich herum? |
| ☐ | 14. Hast Du Verdauungsprobleme – etwa Magen- oder Darmgeschwüre, Sodbrennen, wiederkehrende Verdauungsunpässlichkeiten oder Diabetes mellitus? |
| ☐ | 15. Hattest Du eine Krebserkrankung? |

Wenn Du die meisten Fragen mit „ja" beantworten kannst, hast Du vermutlich Probleme mit Deinem Solarplexus-Chakra. Gehen wir näher darauf ein, und Du kannst beginnen, es zu heilen.

| Die Grundlagen des Solarplexus-Chakras: |
| --- |
| **Lage:** Im Oberbauch, auf der Mittellinie des Körpers zwischen Zwerchfell und Nabel |
| **Farbe:** Es dreht sich mit gelbem Licht, mit der Farbe der Mittagssonne |
| **Aktivierung und Entwicklung:** Es wird aktiviert und beginnt seine Entwicklung im Alter von acht Jahren und bleibt im Fokus bis zum zwölften Lebensjahr. Es kommt in unsere spezielle Aufmerksamkeit zurück im Alter von achtunddreißig bis zweiundvierzig und vom achtundsechzigsten bis zweiundsiebzigsten Lebensjahr. |
| **Spezielle Verbindung:** Das Solarplexus-Chakra hat eine spezielle Verbindung zum Stirn-Chakra. Die rohen „Bauchgefühle" werden im Stirn-Chakra zur Intuition verfeinert. |
| **Beziehung zu den Körperdrüsen:** Die Bauchspeicheldrüse ist im Nahrungsstoffwechsel zuständig für die Kohlenhydratspaltung und -aufnahme. |
| **Neurologische Anbindung:** Plexus gastrici (Magen-Nerven-Geflecht) und Plexus hypogastricus inferior und superior, die den kompletten Verdauungstrakt innervieren. |
| **Verbindung zum Aura-Körper:** Dieses Chakra ist dem mentalen Aura-Körper zugeordnet, er ist gelb und dehnt sich in etwa dreißig bis fünfundvierzig Zentimeter ab der Körperoberfläche aus. |

| Die Aufgaben des Solarplexus-Chakras: |
| --- |
| **Energie, Kraft, Potenzial, Wohlstand, Leidenschaft, Wille, innerer Antrieb und Ambitionen:** Es stellt uns all diese wundervollen Gaben zur Verfügung und damit unbegrenzte Möglichkeiten, um zu arbeiten, Veränderungen zu gestalten, uns selbst zu verwirklichen, vor allem zu dem, was wir sein wollen, und die Motivation aufrechtzuhalten, unser Leben dahin zu steuern, wo immer wir es haben wollen. |
| **Verantwortlichkeit:** Die Verantwortung zu übernehmen für die Tatsache, dass wir selbst aktive Spieler in unserem Spiel des Lebens sind. Für alles, was uns geschieht, die Führung zu übernehmen, kann uns befreien und ermächtigen, diese Kraft gezielt einzusetzen. So sind wir nicht länger Opfer der Umstände, sondern durchaus fähig, unsere neue Lebensstrategie selbst zu gestalten, eine Auswahl zu treffen und ein besseres Leben für uns aufzubauen. |
| **Ansichten, Überzeugungen und Logik:** Das Solarplexus-Chakra ist zuständig für unseren Intellekt. Hier beginnen wir, unsere Ansichten, unsere Überzeugungen und unser logisches inneres Gerüst zu formen. |

**Intuition im Rohzustand:** Hier werden wir uns dieser eher naturbelassenen, rohen Intuition bewusst, auch „Bauchgefühle" genannt, die später im Stirn-Chakra verfeinert werden.

**Wohlstand und Manifestation:** Wenn wir Kraft, Potenzial, Wille, Ambition, Elan, Absicht und Überzeugung zusammenbringen, säen wir die Saat des Wohlstandes – üppige Energie in jeder Erscheinungsform. Die Voraussetzung für die Verkündung, für die Verwirklichung, ist jedoch ein gesundes Stirn-Chakra.

**Angleichung von Unterschieden:** Vielfalt ist ein Geschenk, das uns zum Wachsen herausfordert. Ein gesundes Solarplexus-Chakra wird uns helfen, Geschick zu entwickeln beim Anpassen von Unterschieden und beim Versuch, Neues in unser Leben zu integrieren und damit unsere Lebensreise zu bereichern und zu verbessern.

**Körperliche Aspekte:** Dieses Chakra ist für den kompletten Verdauungstrakt zuständig, außer Mund und Anus.

## Und wenn etwas schief läuft ...

Wenn Du im Alter zwischen acht und zwölf Jahren ein Trauma, eine Verletzung erfahren hast, ist die Wahrscheinlichkeit groß, dass Du an folgenden Dingen leidest:

**Machtmissbrauch:** Der Ausgleich der Kraft bzw. Macht zwischen der äußeren und inneren Welt könnte ein Problem sein. Wir fühlen uns ohnmächtig anderen gegenüber oder gehen, im Gegenteil, sehr grob mit anderen um und treten auf ihren Gefühlen herum. In unseren Reaktionen Autoritäten gegenüber fühlen wir uns entweder klein und unwichtig oder rebellisch, überheblich und aggressiv – keines von beiden ist angebracht.

**Passive Aggression:** Dieses Verhalten erhält die volle Punktzahl für das Beschädigen anderer und den Raub der Freude an Intimität. Offene, ehrliche Kommunikation wird ersetzt durch Sarkasmus, und Dinge werden der Lächerlichkeit preisgegeben mit kleinen, versteckten, scharfen Anmerkungen, deren wahre Bedeutung später verneint wird mit der Bemerkung, dass es die andere Person ja falsch verstanden habe. Vergeltung, wenn sie herausgefordert wird, rundet das Bild ab. Menschen, die im engen Kontakt mit uns stehen, fühlen sich schließlich depressiv und leiden unter einem posttraumatischen Stress-Syndrom. Sie sind immer auf der Hut, können nicht mehr entspannen, werden immer verwirrter und fangen an, ihre eigene Intuition in Frage zu stellen, da ihre Bauchgefühle ihnen ganz etwas anderes sagen, als wir ausdrücken.

**Hilflosigkeit:** Obwohl wir selbst uns als hilflos ansehen, sind wir es jedoch nie. Wir nutzen nur unsere Kraft unangemessen. Wenn wir diese Tatsache wahrnehmen und akzeptieren, können wir unsere Handlungen verändern und fortan ein anderes Ergebnis erreichen.

| |
|---|
| **Kontrolle:** Wir schwächen andere, indem wir versuchen, sie und ihr Leben zu kontrollieren. Wir erzählen ihnen, was sie wie zu tun und wie sie sich zu benehmen haben oder wie sie ihr Leben führen sollen. Wir werden ärgerlich oder ängstlich, wenn die Dinge nicht genau so laufen, wie wir es wünschen. |
| **Mangel an Ehrgeiz und Antrieb:** Es könnte sein, dass wir wenig Motivation und Antrieb haben und die Richtung für unseren Lebensweg nicht kennen oder übertrieben motiviert und übervoll mit Ehrgeiz sind. |
| **Verantwortungslosigkeit:** Wir schwächen uns selbst, indem wir uns als Opfer der Umstände sehen und uns weigern, Verantwortung für unsere Taten zu übernehmen sowie anderen die Schuld für die Umstände um uns herum zuschreiben. |
| **„Negative" Gefühle:** Ärger, Wut, Bitterkeit, Eifersucht, Groll und Schuld – die sogenannten negativen Gefühle – werden hier vergraben und aufbewahrt, häufig für viele Jahre. Sie sind jedoch auch in hohem Grade wertvoll, wenn wir sie konstruktiv nutzen, um die verborgenen Dinge in uns besser zu verstehen. |
| **Stagnation oder Überfluss:** Oft finden wir einen raschen Wechsel zwischen Stagnation und dem Brechen der Dämme – ich nenne dies den Solarplexus-Ausschlag – denn wir wechseln oft schnell von einem Zustand der Bewegungslosigkeit und Gefühlsarmut in einen unkontrollierbaren Ausbruch von Gefühlen. Von geringer Motivation, sich überhaupt zu bewegen, reicht dies bis zu einem kurzfristig aufbrechenden Übermaß an Energie, das bis zur Erschöpfung führen kann; von unterwürfigem Verhalten bis hin zu einem unangebrachten aggressiven Ausbruch. |
| **Stress:** Stress ist weit verbreitet und äußert sich durch hohe Reizbarkeit, Schlafstörungen, Fehlen von Begeisterungsfähigkeit, extreme Ermüdung, Erschöpfung, wenig Stehvermögen, Gewichtszunahme oder –verlust, Depression und Verzweiflung. |
| **Körperliche Symptomatik:** Verdauungsbeschwerden wie Magenverstimmung, Magen- und Zwölffingerdarmgeschwüre, Magenübersäuerung, Stuhlverstopfung, chronische Durchfälle, Reizdarmsyndrom und Divertikulose (Ausstülpung des Dickdarms). Diabetes mellitus kann auftreten, und die Leber ist gefährdet. Gallensteine sind ein häufiges Problem. Üppiges Essen verursacht weitere Schwierigkeiten, ebenso starkes Übergewicht. Gut dokumentierte Untersuchungen zeigen die Verbindung von unterdrücktem Ärger oder zurückgehaltener Wut und Krebserkrankungen. (Wenn Du wechselndes Stuhlverhalten an Dir beobachten kannst, lasse es bitte vom Hausarzt untersuchen.) |

## Aroma-Öle und Heilsteine für das Solarplexus-Chakra

Die wirkungsvollsten Öle für den Solarplexus sind Rose und Ylang-Ylang, die hilfreichsten Kristalle Bernstein, Topas, gelber Calcit und Citrin. Bernstein fördert die Entwicklung von sonnigem, sorglosem, optimistischem und selbstbewusstem Verhalten. Das Wesen des Menschen zeigt sich kraftvoll, ruhig, mit einem guten Sinn für Humor und mit einem starken, jedoch auch kompromissbereiten Willen. Calcit hilft, Vertrauen aufzubauen sowie Motivation und eine positive Einstellung zu entwickeln. Citrine können Optimismus und Offenheit entstehen lassen; auch wird ihnen ein enormer Einfluss auf Wohlstand zugeschrieben, weshalb der Citrin auch der „Stein des Reichtums" genannt wird.

## Und nun zu Dir

Hier bietet sich jetzt die Gelegenheit, Dinge ans Licht zu bringen, die geheilt werden sollen. Ob Deine Erinnerungen schmerzhaft oder wunderbar sind, schreibe es hier auf.

Atme einige Male langsam tief durch, gehe in Deine Vergangenheit zurück und schreibe alles auf. Mache Dir keine Gedanken über die späteren Zeiten, wenn Du noch keinen Zugang findest.

*Jeder kann aufbegehren. Es ist weitaus schwieriger, still der inneren Stimme des Gewissens zu gehorchen und ein Leben zu führen, auf der Suche, unserem Temperament und unseren Gaben einen aufrichtigen und passenden Ausdruck zu verleihen.*
*– George Ronault –*

Meine Erinnerungen an die Zeit im Alter von acht bis zwölf Jahren:

________________________________________

________________________________________

________________________________________

Was mir aus dieser Zeit erzählt wurde:

________________________________________

________________________________________

________________________________________

*Wenn wir uns des eigenen Potenzials gewahr werden und mit Selbstvertrauen unsere Fähigkeiten sehen, können wir an einer besseren Welt mitarbeiten.*
*– XIV. Dalai Lama –*

Die wichtigsten Menschen in meinem Leben waren (es könnte sich auch um Familienmitglieder, Lehrer, Freunde, Menschen, die Dich liebten und Menschen, die Dich verletzt haben, handeln):

________________________________________

________________________________________

________________________________________

Meine Gefühle über diese Zeit und zu den Menschen aus dieser Zeit sind:

________________________________________

________________________________________

________________________________________

## Zweite Phase der Aufmerksamkeit

Was ereignete sich in meinem Leben im Alter von achtunddreißig bis zweiundvierzig Jahren:

Die wichtigsten Menschen in meinem Leben waren:

Meine Gefühle über diese Zeit und zu den Menschen aus dieser Zeit sind:

## Dritte Phase der Aufmerksamkeit

Was ereignete sich in meinem Leben im Alter von achtundsechzig bis zweiundsiebzig Jahren:

*Die Hauptaufgabe im Leben eines Menschen ist, sich selbst zu gebären, sich selbst zu verwirklichen, das zu werden, was er – ausgehend von seinem Potenzial – schon immer war.*
*– Erich Fromm –*

Die wichtigsten Menschen in meinem Leben waren:

Meine Gefühle über diese Zeit und zu den Menschen aus dieser Zeit sind:

## Was ich dadurch erhalten habe

Zähle nun alle positiven Auswirkungen und Veränderungen in Deinem Leben in der folgenden Liste. Beispielsweise: Ich musste meinen Wohnort wechseln; ich musste mit einer neuen Karriere beginnen; meine Heilung hat damit begonnen; ich wurde so krank, dass ich mir Hilfe suchen musste. Wenn Du die positiven Seiten im Moment noch nicht sehen kannst, überspringe einfach diesen Teil und komme darauf zurück, wenn es für Dich mehr Sinn macht. Falls Du so verfahren möchtest, gehe bitte später noch einmal durch beide Meditationen. Dann werden sich Deine Fähigkeiten zur Vergebung und zum inneren Frieden deutlich gesteigert haben.

Da wir jetzt einigen Themen, die sich in Deinem Leben während der Entwicklung des Solarplexus-Chakras ereigneten, die Wurzel genommen haben, können wir nun mit der Heilung beginnen.

*Trachte nicht nach der Unsterblichkeit, meine Seele, sondern erfreue Dich an den Dingen, die heute in Deiner Reichweite sind.*
*– Pindar –*

## Übungen

Die folgenden Übungen werden Dir helfen, die physischen und emotionalen Schmerzen der Vergangenheit zu überwinden und damit in eine ausgeglichene, harmonische Zukunft zu schreiten.

### Übung 1

Du benötigst:

- Dieses Buch und einen Stift
- Gib Dir eine Stunde Zeit, in der Du voraussichtlich nicht unterbrochen wirst.
- Einen Schreibblock und zwei Briefumschläge

Du schreibst nun für beide Eltern je einen Brief, wirst diese aber nicht absenden. Auch wenn Deine Eltern verstorben sind, wird diese Übung dazu verhelfen, Eure Beziehung zu heilen. In jedem Brief kannst Du ausdrücken, was immer Dir wichtig erscheint. Dinge, die Du immer schon sagen wolltest und nie konntest. Dinge, die Du gesagt hast, die nicht gehört wurden. Niemand außer Dir wird diesen Brief je lesen. Du musst nicht zensieren, was Du aufschreibst. Du kannst fluchen, schreien und schimpfen in diesen Zeilen, wenn Du willst. Du kannst auch sagen, dass Du sie liebst und Dich an die guten Begebenheiten erinnern. Schreibe so lange weiter, bis Du denkst, dass der Brief vollständig ist. Dann lege ihn an einen Platz, der leicht zugänglich für Dich ist – vorzugsweise nicht so leicht für andere – und füge im Laufe der folgenden Tage noch Gedanken hinzu, wenn Du möchtest. Wenn der Brief wirklich fertig ist, könnte er hoffentlich mit einem Satz enden, der Euch beide, Dich und Deine Eltern, mit dem Gefühl von Verzeihung entlässt für alle Dinge, die zwischen Euch geschehen sind. Wenn dies noch nicht möglich ist, mache Dir keine Sorgen. Verschließe die Zeilen in einem Briefumschlag.

Wenn Du fertig bist, bereite Dir ein Bad oder eine schöne Dusche mit einem passenden Aroma-Öl vor. Wenn Du in ein Gefühl der Entspannung kommst, kann es passieren, dass sich ganz plötzlich Emotionen aus der Vergangenheit lösen. Das ist gut so. Weine, so viel Du möchtest. Sind die Gefühle, die da befreit werden, ärgerlicher Natur, schließe mit Dir ein Abkommen, dass Du Dich selbst nicht verletzen wirst und auch keine Gegenstände zerstört werden. Es könnte sein, dass Du schon viele Male vorher geweint hast oder ärgerlich warst. Dieses Mal ist es jedoch anders, da Du die Dinge ans Licht gebracht hast und wir nun, wenn die Gefühle verebbt sind, Heilung in diesen Bereich einfließen lassen können. Nimm Dich liebevoll an und lasse alles gehen, was Du nicht mehr benötigst. Nimm Dir Zeit, bevor Du wieder an Deine täglichen Aufgaben gehst.

Du könntest entscheiden, diese Briefe nie wieder zu öffnen – das ist in Ordnung. Wenn Du sie jedoch öffnen möchtest, lasse bitte mindestens eine Woche Zeit dazwischen, bevor Du sie nochmals liest. Wenn Du sie dann wieder öffnest, wirst Du erfahren können, dass sich Deine Gefühle aufgrund der Heilung sehr verändert haben. Den oft sehr schmerzvollen Situationen ist dann hoffentlich der Stachel genommen. Dann kannst Du entscheiden, ob Du diese Briefe an einem sicheren Ort aufheben oder sie zerstören möchtest. Du könntest sie zum Beispiel verbrennen und damit den Schmerz und den Verlust entlassen.

*Nichts kann Dir Friede bringen außer Du selbst.*
*– Emerson –*

**Übung 2**

Du benötigst:

- Einen weiteren Stuhl an Deinem sicheren Platz
- Dieses Buch und einen Stift
- Fünfundvierzig Minuten Zeit ohne Unterbrechung

Gehe an Deinen sicheren Ort und stelle Dir gegenüber noch einen Sitzplatz auf. Schließe Deine Augen für einen Moment und atme langsam und tief. Richte Deine Aufmerksamkeit nun zurück auf Dein inneres Kind im Alter von neun oder zehn Jahren und stelle Dir vor, es würde Dir gegenüber sitzen. Höre still, ruhig und aufmerksam zu, voller Liebe, Mitgefühl, Verständnis und Geduld, während Dein inneres Kind erzählt, wie es sich gefühlt hat in diesen Situationen. Stelle Fragen, wenn Du möchtest, damit Du wirklich verstehen kannst, wie es sich fühlt. Welche Bedürfnisse hat dieses Kind? Eine Umarmung, Lob, Ermutigung, Anerkennung, Liebe? Verurteilungen, Züchtigung, Gewalt oder Bestrafung haben hier keinen Platz. Lasse Dir Zeit. Weine mit Deinem Kind, wenn es nötig ist. Wenn es Dir möglich ist, gehe Deinem inneren Kind gegenüber die Verpflichtung ein, es in Zukunft zu lieben und zu ehren und es nicht mehr zu verlassen. Du solltest von jetzt ab Dein eigener liebender Elternteil sein und dem inneren Kind geben können, was es benötigt. Lasse Dir Zeit, und wenn es Dir möglich erscheint, gestatte dem inneren Kind, in Dein Herz zurückzukehren. Heiße es zu Hause willkommen.

Führe Deine Übung zur Erdverbundenheit durch (siehe Seite 27) und gehe sehr sachte mit Dir um. Nimm Dir Zeit für Dich und schreibe dann alle Eindrücke auf, die Du gewonnen hast. Notiere den wichtigen Gedankenaustausch zwischen Euch und vor allem, was das innere Kind von Dir heutzutage Wichtiges benötigt.

*Halte den Frieden zuerst in Dir, dann kannst Du den Frieden auch zu anderen bringen.*
*– Thomas von Kempen –*

Sprich nun für Dich selbst mindestens drei Verpflichtungen aus. Zum Beispiel:

Ich verpflichte mich, auf mein Kindheits-Ich, mein inneres Kind, zu achten und es in meinem Bewusstsein zu halten.
Ich verpflichte mich, an meinem Solarplexus-Chakra zu arbeiten, um meine gute Gesundheit zu sichern.
Ich verpflichte mich, den Stress in meinem Leben zu reduzieren.

______________________________

______________________________

______________________________

______________________________

______________________________

______________________________

**Übung 3**

Du benötigst:

- Dieses Buch und einen Stift
- Einige Karteikarten
- Zwanzig Minuten Zeit ohne Unterbrechung

Beginne mit den folgenden Affirmationen und gleiche sie Stück für Stück so lange an, bis sie richtig für Dich sind. Schreibe sie dann auf die Karteikarten und lege diese an wichtige Plätze, die Du regelmäßig besuchst. (Meine Lieblingsplätze sind die Kühlschranktür und eine Tischschublade. Ganz sicher bin ich dort mehrmals am Tage beschäftigt.)

*Unsere Seele ist ein Schlachtfeld, auf dem Verstand und Vernunft mit Urteilskraft und Überzeugung streiten. Sie treten an gegen unsere Leidenschaft und den Hunger nach … Verstand und Leidenschaft sind die Ruder, unsere Seele jedoch ist gleich einem hochseetauglichen Segel, stark und frei.*
*– Kahlil Gibran –*

*Ich übernehme die Führung in meinem Leben und respektiere, dass der Andere das Gleiche tut für sein Leben.*
*Ich bin ein Wesen voller Kraft und nutze diese Kraft für mein höchstes Wohl und für das höchste Wohl der ganzen Menschheit.*
*Ich lasse Reichtum in mein Leben einkehren. Positive Energie in jeder Art und Weise fließt nun herein – Liebe, Arbeit, Gesundheit, Stehvermögen und Geld.*

**Übung 4**

Du benötigst:

- Dieses Buch und einen Stift
- Entweder Deinen sicheren Platz oder einen anderen ungestörten Platz ohne Unterbrechung (in der Natur, mit den Füßen im Kontakt mit der Erde, ist günstig, wobei Du vielleicht gerne außerhalb der Hörweite von anderen sein möchtest).
- Dreißig Minuten Zeit ohne Unterbrechung

Diese Übung wird Dich an Deine Kraft erinnern, die Führung in Deinem Leben zu übernehmen.

Stehe gut geerdet, mit Deinen Füßen fest verwurzelt am Boden, die Beine etwa schulterbreit auseinander, die Füße parallel. Schließe Deine Augen und nimm einige tiefe Atemzüge, dann bedecke vorsichtig Dein Solarplexus-Chakra mit den Händen. Atme gelbes Licht hinein und beginne langsam, jedes Wort einzeln fühlend, zu flüstern: „Ich bin die Kraft."

Es könnte sein, dass Du im Solarplexus kleine körperliche Reaktionen spürst, wie ein Prickeln, während Du nun fortfährst, wieder zu flüstern: „Ich bin die Kraft und der Friede."

Fühle, wie die Kraft wächst, wie sich Energie ausbreitet von einem kleinen Kitzeln zu einer großen Welle, und fühle, wie sich Dein Körper ausbreitet zu seiner vollen Größe. Sprich lauter: „Ich bin die Kraft und der Friede."

Öffne Deine Brust und lasse Deine Schultern fallen. „Ich bin die Kraft und der Friede."

Bewege Dein Kinn langsam nach oben, bis sich Dein Gesicht dem Himmel zuwendet. „Ich bin die Kraft und der Friede."

Nimm Deine Hände jetzt vom Solarplexus-Chakra weg und richte sie zum Himmel. „Ich bin die Kraft und der Friede."

Deine Stimme wird nun voller und lauter. Wenn Du kannst, rufe Deine Botschaft laut zum Universum. „Ich bin die Kraft und der Friede." Selbst wenn Du es nicht schaffst, Deine Stimme zu erheben und in ihrer Fülle zu nutzen, wüsstest Du doch ganz genau, wie sie klingt und wie es sich anfühlt, wenn Du es laut ausrufen würdest. „Ich bin die Kraft und der Friede."

Atme und fühle beides, Deinen Frieden und Deine Kraft. Du kannst allem gegenübertreten. Du kannst alles überwinden. Du kannst alles sein, was Du sein willst. Du kannst alles lernen, was Du lernen möchtest. Du bist selbst dafür verantwortlich, und niemand kann Dir diese Verantwortlichkeit wegnehmen, niemand. Du bist unbesiegbar. Dein Solarplexus ist klar und stark. Du hast die Führung für Dich übernommen und auch für alles, was Dir geschieht, und ich hoffe, dass Du diese Verantwortung akzeptieren und annehmen kannst.

Verweile, so lange Du möchtest, und genieße jeden Moment dieser wundervollen, kraftvollen, jedoch auch friedvollen Zeit. Wenn Du dann

*Ich bin eine Frau, höre meinen kraftvollen, unüberhörbaren Ruf.*
*– Helen Reddy –*

so weit bist, versichere Dich, dass Du gut mit der Erde verbunden bist und verleihe Deiner Dankbarkeit Ausdruck für alles, was geschehen konnte und geschehen wird. Atme. Lasse Dir Zeit.

Schreibe jetzt Deine Gefühle auf, damit Du Dich erinnern und hierher zurückkehren kannst, wenn Du Dich zwischendurch kraftlos fühlst.

Während der Übung konnte ich fühlen: ______

______

______

Danach empfand ich: ______

______

______

## Meditationen

### Meditation 1

Du benötigst:

- Dieses Buch und einen Stift
- Deinen sicheren Platz
- Eine Stunde Zeit ohne Unterbrechungen

Nimm Dir etwas Zeit und richte Deine Aufmerksamkeit auf Deinen Atemrhythmus, nutze nun unsere übliche Art und Weise, um in einen Zustand der Entspannung zu gelangen.

Gestatte Dir dann vorsichtig und sachte zurückzugehen und Deine Achtsamkeit zurückzulenken in Dein achtes Lebensjahr. Denke daran, Du bist gut geschützt. Was immer auch aus dieser Zeit aufsteigen könnte – es ist nur eine Erinnerung.

Nichts kann Dich jetzt verletzen. Du hast es schon überlebt. Lasse nun Deine Gedanken, Deine Erinnerung behutsam durch die Zeit zwischen acht und zwölf Jahren ziehen. Du hast diese Zeit schon präsent, und es ist nur noch nötig, alles in ein großes Bündel zu packen. Dieses Bündel kannst Du klären, heilen und loslassen. Es ist aus Deiner Vergangenheit – und Du bist heute hier.

Lasse Dir Zeit damit und hole Dir ein hell scheinendes Licht vom höchsten Punkt Deines Kopfes, umhülle Dein inneres Kind aus dieser Zeit fest und sicher und behalte es in Deinem Herzen, so dass es seine Sicherheit fühlen kann.

Nun schicke einen intensiven Lichtstrahl, um diese Zeit zu heilen. Lasse dieses Licht scheinen, hinein, hindurch und darum herum, klärend und heilend – für immer …... lasse Dir Zeit. Wenn es Dir möglich ist, sende Vergebung zu den Menschen, zu den Begebenheiten aus dieser Zeit. Befreie Dich von allen negativen Verbindungen mit ihnen, bewahre nur die guten …

Nimm Dir die Zeit, die Du benötigst. Wenn es Dir möglich ist, erhebe Dich zu einer höheren spirituellen Ebene und werde Dir bewusst, dass die Menschen in dieser Zeit sich aufgrund ihres eigenen Schmerzes, ihrer eigenen Prozesse so verhalten haben. Wenn Du kannst, jedoch nur wenn Du kannst, vergib ihnen … (wenn es Dir nicht möglich erscheint, mache Dir keine Gedanken, sondern gehe bitte zum letzten Teil der Meditation weiter).

Wenn Du es vermagst, erhebe Dich noch weiter und betrachte das ganze Bild. Vielleicht kannst Du erkennen, dass diese Menschen und die Begebenheiten ein wichtiger Teil Deines Prozesses waren, so wie Du ein wichtiger Teil ihres Prozesses warst. Jeder von Euch war gleichzeitig Lehrender und Lernender hinsichtlich der Lebensthemen, die beide in den betreffenden Lebensabschnitten erfahren wollten. Wenn Du es so sehen kannst, drücke Deine Dankbarkeit für die wichtige Rolle aus, die sie in Deinem Leben gespielt haben und lasse sie schließlich gehen … (noch einmal, mache Dir keine Gedanken, wenn es Dir jetzt noch nicht möglich ist. Du kannst immer wieder zu dieser Übung zurückkehren.) Atme ruhig.

Nun ist alles klar und gereinigt. Entspanne Dich und atme. Richte Deine Aufmerksamkeit nun auf Dein inneres Kind. Umhülle es mit endloser Liebe und vereinige es mit Deinem gesamten Wesen. Empfinde Dich als vollständig und ganz – nun nimmst Du diesen wichtigen Teil in den Gesamtkontext Deines bisherigen Lebens auf. Du bist vollkommen.

Lasse Dir Zeit, und wenn Du bereit bist, kehre zurück in diesen Raum, an diesen Platz … Nimm einen tiefen Atemzug und fülle Deinen ganzen Körper mit Sauerstoff. Sei Dir nun Deines physischen Körpers bewusst.

Bewege Deine Finger und Deine Zehen. Lege Deine Arme um Deinen Körper und nimm Dich damit selbst in den Arm. Schenke Dir Liebe. Erfreue Dich am menschlichen Dasein und komme allmählich mit Deiner Achtsamkeit zu einem Platz hinter Deinen geschlossenen Augen. Gib Dir die Zeit, die Du brauchst. Wenn Du zurück in der Gegenwart bist, sorge dafür, dass die Erdverbundenheit bleibt und öffne langsam und sachte Deine Augen.

*Ein Problem zu haben, ist immer auch eine Chance, das Beste zu geben.*
*– Duke Ellington –*

Dehne Dich etwas, trinke ein Glas Wasser und schreibe auf, was Dir einfällt.

______________________________________________

______________________________________________

______________________________________________

## Meditation 2

Du benötigst:

- Dieses Buch und einen Stift
- Eine Stunde Zeit ohne Unterbrechungen

Mache es Dir bequem, richte Deine Achtsamkeit auf Deine Atmung und komme so in einen Zustand der Entspannung. Lasse alles Negative gehen, so, wie Du es schon erlernt hast.

Begrüße eine Welle des wunderschönen heilenden Lichtes am höchsten Punkt Deines Kopfes und lasse es eintreten und durch Dich hindurch nach unten fließen. Jede Zelle und jedes Atom jeder Zelle füllen sich mit diesem Licht. Es reinigt, heilt und bringt Friede und Ausgeglichenheit. Jede Zelle wird in Licht gebadet und schenkt Dir vollkommene Harmonie. Richte nun Deine Aufmerksamkeit auf das Zentrum in Deiner Brust, in Dein Herz-Chakra und durch diese Mitte hindurch nach unten, weiter bis in das Gebiet in Deinem Oberbauch, wo sich das Solarplexus-Chakra nach vorne öffnet. Stelle es Dir bildlich vor – Deine eigene, persönliche Sonne, ein goldgelber Lichtball, der Deinen Glanz in alle Richtungen strahlt, Dich mit Wärme und mit Licht füllt.

Erlaube Dir, in diese Helligkeit zu blicken, während die Strahlen langsam in Deine Zellen eintreten. Während Dich das Licht wärmt, fühle seine Sanftheit und gleichzeitig seine Energie, die Dich vollkommen ausfüllen.

Du bist leistungsfähig. Du bist stark, es ist alles möglich. Du bist in der Lage, das zu vollenden, was Du möchtest. Fühle, wie diese Energie in alle Bereiche Deines Körpers strömt. Lasse Dich von den warmen Wellen wiegen, die um Dich herum kreisen. Mache Dir bewusst, dass Du Deine Motivation erneuern willst, um ein gesundes und ruhiges Leben voll Überfluss an allen Arten guter Energie zu führen, die Du dann für Dein höheres Gut und zum Besten aller um Dich herum nützen kannst. Nimm von jetzt an die Verantwortung für Dein Leben in Deine Hände. Versprich Dir selbst, dass Du Deine Kraft weise nutzen wirst.

Erfreue Dich an der Kraft und Stärke, die nun durch Dich hindurchfließen. Empfange es mit jeder Zelle Deines Körpers und atme es in Deine Aura hinein. Koste es aus, erfreue Dich und lasse Dir Zeit.

Bitte diese Energie, alte Verletzungen, alte Wunden und alten Schmerz zu heilen und Dir für die Zukunft Frieden zu bringen. Lenke die Energie mit Hilfe Deiner Atmung nun dahin, wo sie gebraucht wird. Lasse diese sonnigen Lichtbündel ausstrahlen, wohin Du möchtest. Heile und stärke jeden Teil von Dir. Atme. Gib Dir die Zeit, die Du brauchst.

Verweile so lange Du möchtest in diesem goldgelben Glühen; und wenn Du bereit bist, beginne langsam zurückzukommen. Sei Dir bewusst, dass Du nun dieses Zentrum der Energie und Kraft tief in Dir für immer behalten kannst, und dass diese Kraft ohne Grenzen für Dich zur Verfügung steht – immer, wenn Du ihrer bedarfst zum höheren Wohl für alle. Stelle Dir nun eine wunderschöne goldgelbe Blume über Deinem Solarplexus-Chakra vor, und schließe mit dem nächsten Atemzug die Blütenblätter zu einer festen Knospe. Halte an dieser Kraft fest.

Komme vorsichtig und sachte wieder zurück, hoch durch das Zentrum Deines Brustkorbs, hoch durch Deine Kehle, weiter hinauf bis zu dem Platz hinter Deinen geschlossenen Augen. Du bist zurück in Deinem physischen Körper. Bewege Deine Finger, bewege Deine Zehen, sei ganz mit der Erde verbunden und präsent in der Gegenwart. Wenn Du so weit bist, öffne langsam und sachte Deine Augen.

*Alles, was uns beim Anderen verärgert, kann ein Wegweiser zu uns selbst sein.*
*– C.G. Jung –*

Dehne Dich, nimm ein Glas Wasser und schreibe auf, was Du möchtest:

______________________________________________

______________________________________________

______________________________________________

## Affirmationen

*Im Umgang mit anderen bin ich selbstbewusst, egal ob in Übereinstimmung oder im Konflikt. Ich kann so, nach meinen Wünschen, zustimmen oder ablehnen.*

*Ich habe meine wirkliche Kraft zur Verfügung und erfreue mich an meinem wahren Selbst.*

*Ich öffne mein Herz und meinen Verstand der Kraft des Universums und nutze sie zu meinem Besten und zum Besten für alle.*

*Ich heiße alle Chancen und Gelegenheiten willkommen, um mein höchstes Potenzial zu erfüllen.*

Gestalte eigene Affirmationen

*Egal, was Du bist oder wer Du bist – das Allerwichtigste ist, sei es ohne Scham und Reue.*
*– Rod Steiger –*

Notizen

# IV. Kapitel • Das Herz-Chakra

*Liebe ist wie die Nacht, die sich neigt, um zum Herrscher gesalbt zu werden,*
*Ein Himmel wie eine Wiese und die Sterne wie feurig funkelnde Insekten.*
*Liebe triumphiert.*
*Die Liebe ist sichtbar in weißen und grünen Farben am Uferrand eines Sees,*
*die stolze, majestätische Liebe, die emporragt wie ein Turm.*
*Liebe ist ein Garten oder eine unberührte Wüste.*
*Liebe ist unser Herr und Meister.*
*Wir sollten in die Dämmerung schreiten;*
*um vielleicht die Morgenröte einer anderen Welt zu erwecken.*
*Doch die Liebe soll bestehen,*
*und die Markierungen, die sie hinterlässt, sollten nicht gelöscht werden.*
*– Kahlil Gibran –*

Das Herz-Chakra ist der Dreh- und Angelpunkt unseres spirituellen Aufstiegs. Es bildet die Brücke zwischen den eher erdverbundenen und den mehr himmlischen oder geistlich ausgerichteten Chakras. Die unteren Chakras halten uns sicher in unserem menschlichen Dasein, und die oberen Chakras weisen uns den Weg in der Spiritualität.

## Was Du mit der Arbeit an Deinem Herz-Chakra erreichen kannst:

- Liebe und Mitgefühl für Dich selbst und das ganze Universum
- Aufstieg in das universelle Bewusstsein
- Die Bereitschaft, bedingungslose Liebe zu entwickeln.
- Die Fähigkeit zu echter Vergebung
- Verbesserung aller Beziehungen
- Gesteigerte Gesundheit für Herz und Atemtrakt

Lasse uns nun einen Blick auf den jetzigen Gesundheitszustand Deines Herz-Chakras lenken, bevor Du mit der Arbeit beginnst.

| | Fragenkatalog zur Selbsteinschätzung |
|---|---|
| ☐ | 1. Ist es für Dich schwer, zu lieben und geliebt zu werden? |
| ☐ | 2. Bist Du oft negativ und pessimistisch, herrisch und diktatorisch? |
| ☐ | 3. Fühlst Du Dich in das Leben anderer hineingezogen und hast dann Schwierigkeiten, Dich zurückzuhalten und sie ihre eigenen Fehler machen zu lassen? |
| ☐ | 4. Fühlst Du Dich häufig erschöpft, ermüdet und ausgelaugt? |
| ☐ | 5. Bist Du ungeduldig und intolerant oder so geduldig und tolerant, dass andere Menschen dies ausnutzen? |
| ☐ | 6. Ist es schwer, Dich zu befriedigen oder Dir einen Gefallen zu tun; und findest Du meist Fehler in den Dingen, die andere für Dich tun? |
| ☐ | 7. Hast Du Schwierigkeiten mit dem Thema „Loslassen"? |
| ☐ | 8. Enden Deine Beziehungen oft mit Schmerz und Bitterkeit? |
| ☐ | 9. Verliebst Du Dich leicht und wunderst Dich kurz darauf, was Du wohl in dieser Person vorher gesehen hast? |
| ☐ | 10. Hattest Du Leid, Kummer, körperliche oder seelische Verletzungen im Alter von zwölf bis fünfzehn oder sechzehn Jahren? |
| ☐ | 11. Hast Du Probleme mit echter Vergebung, Mitgefühl und Empathie, oder bist Du so mitfühlend, dass Du vom Schmerz anderer mit heruntergezogen wirst? |
| ☐ | 12. Hast Du Herzprobleme, arteriellen Bluthochdruck, Kreislaufschwäche, Asthma oder andere Erkrankungen des Atemtrakts? |
| ☐ | 13. Bist Du wie abgeschnitten von der Welt und fragst Dich, was Liebe eigentlich ist? |
| ☐ | 14. Kannst Du Deinen inneren Frieden nicht finden? |
| ☐ | 15. Hattest Du Probleme mit Deiner Brust oder eventuell Brustkrebs? |

Wenn Du die meisten Fragen mit „ja" beantwortet hast, ist es möglich, dass Du Probleme mit Deinem Herz-Chakra hast. Ist das Herz-Chakra blockiert, bleibt es häufig weit geöffnet, leitet Deine eigene Energie ab und bleibt empfänglich für und verletzlich durch die Energien anderer

Menschen und deren Angelegenheiten. Diese Tendenz findet sich bei Ärzten, beim Pflegepersonal, bei Heilern und anderen helfenden Berufen. Dieser Weg führt oft zum Burn-Out-Syndrom. Es ist wichtig zu lernen, dass wir die Chakras auch schließen können, um uns selbst zu schützen. Dies ist mindestens genauso wichtig wie die Fähigkeit, sie frei, klar und geöffnet zu halten.

### Technik zum Aufbau von Schutz

Immer dann, wenn Du die innere Arbeit an Dir beenden oder wenn Du gewappnet sein möchtest, um der äußeren Welt zu begegnen, nimm Dir einfach ein paar Minuten Zeit und folge der nachstehenden Anleitung:

Atme einige Male langsam und tief durch und entspanne Dich. Stelle Dir eine wunderschöne weiße Blüte mit weit geöffneten Blütenblättern vor, sie erblüht über dem Scheitelpunkt Deines Kopfes. Mit einem Gedanken lassen die Blütenblätter sich schließen. Lasse diese Blüte eine feste Knospe werden. Gehe mit Deiner Achtsamkeit zu Deiner Stirn, zwischen Deinen Augenbrauen. Hier siehst Du eine himmelblaue Blüte, auch hier sorgst Du dafür, dass sich die Blütenblätter sorgsam schließen. Gehe weiter hinunter zu Deinem Herzen, hier soll sich die wunderschöne grüne Blüte schließen. Vor dem Solarplexus-Chakra hatte sich eine gelbe Blüte geöffnet, deren Blütenblätter sich nun zu einer festen Knospe schließen. Die orangefarbenen Blütenblätter der Blume vor dem Sakral-Chakra schließen sich nun auch. Zuletzt erreichst Du mit Deiner Aufmerksamkeit das Wurzel-Chakra. Es bleibt geöffnet, um Dich für immer sicher verwurzelt, genährt und verbunden mit der Erde zu halten. Überkreuze Deine Arme vor Deiner Brust und verbeuge Dich leicht. Nun stelle Dir vor, neben Dir liegt ein dunkelblauer Mantel, so blau wie eine dunkle Sternennacht. Erlaube Dir selbst, von diesem Mantel schützend umhüllt zu sein, von Kopf bis Fuß. Atme langsam und tief und fühle diesen Schutz.

| Die Grundlagen des Herz-Chakras |
| --- |
| **Lage:** Im Zentrum des Brustkorbs, vorne und hinten |
| **Farbe:** Obwohl das Herz-Chakra gewöhnlich grün ist, erscheint es oft rosa bis pinkfarben, wenn es voll Liebe erblüht und gesund ist. |
| **Aktivierung und Entwicklung:** Die erste Entwicklung findet im Alter von zwölf bis sechzehn Jahren statt, und es kommt wieder in unsere verstärkte Aufmerksamkeit im Alter von zweiundvierzig bis sechsundvierzig Jahren und zweiundsiebzig bis sechsundsiebzig Jahren. |
| **Besonderheit der Zuordnung im Chakra-System:** Das Herz-Chakra liegt genau im Zentrum des Wirbelsäulen-Kanals (Sushuma) und ist das Chakra des Übergangs, der Transformation. Es verbindet unser menschliches Dasein mit dem göttlichen Anteil in uns. |
| **Verbindung mit einem Sinn:** Der Tastsinn wird diesem Chakra zugeordnet, jedoch nicht nur im körperlichen Sinnzusammenhang, denn die Berührung auf der emotionalen Ebene gehört auch dazu. |
| **Beziehung zu den Körperdrüsen:** Hier ist die Thymusdrüse zu nennen, ein Teil unseres Immunsystems. |
| **Neurologische Anbindung:** Zwei Nervengeflechte spielen eine Rolle, Plexus pulmonalis (Lungennervengeflecht) und Plexus cardiacus (Herz-Nervengeflecht). Sie sind beide miteinander verbunden und versorgen den Atemtrakt, das Herz, die Aorta und die vier Blutgefäße, die dem Herzen von der Lunge Blut zuführen. |
| **Verbindung zum Aura-Körper:** Das Herz-Chakra gehört zum Astralkörper, der sichtbar wird in Wolken von Farben, ähnlich der emotionalen Aura-Schicht, sich jedoch ca. fünfundsiebzig Zentimeter um den Körper des Menschen ausdehnt. |

| Die Aufgaben des Herz-Chakras: |
| --- |
| **Liebe:** Die Liebe des Herz-Chakras kann sehr persönlich sein und auf ein Objekt der Gefühle gerichtet – als Beispiel die Liebe zu Deinem Partner oder die Liebe zu Deinem Hund. Sie kann auch generell, universell sein, ohne spezielle Ausrichtung, das macht es uns möglich, jeden überall zu lieben. Alle Menschen zu lieben und zu achten, jede Person, die wir kennen, selbst Menschen, die wir nicht kennen. In echten, tiefen Liebesbeziehungen können wir dem Gegenüber Platz einräumen, Unterstützung geben und die Freiheit lassen, zu wachsen (wie wir auch) und die eigene Spiritualität zu entwickeln. Wir können klar unterscheiden zwischen der Person selbst und ihrem Verhalten. Uns wird es möglich, diesen Menschen weiter bedingungslos zu lieben, auch wenn wir manche Vorgehensweisen nicht mögen und es darüber zu einer Trennung kommen könnte. |

| |
|---|
| **Mitgefühl:** Wir können Leiden und Bedrängnis anderer mit Verständnis und liebevollem Interesse betrachten und sie ohne Mitleid begleiten. Mitleid untergräbt den Stolz des anderen. Wenn wir anderen aufgrund ihres Schmerzes Dinge abnehmen, sie übernehmen und Zugeständnisse machen, schätzen wir seine Fähigkeiten, selbst eine Lösung zu entwickeln, als zu gering ein. Wir haften selbst zu sehr an und schaden uns damit auch. Wir verhindern die Möglichkeit, zu lernen und Konsequenzen aus dem Verhalten zu ziehen, und folglich behindern wir auch das innere Wachstum – auf beiden Seiten. |
| **Empathie:** Bezeichnet die Fähigkeit, sich in die Situation anderer Personen hineinzudenken und einzufühlen, wie es sein muss, zu erfahren, was sie erfahren, jedoch ohne in diesen Prozess einzugreifen oder überhaupt eine Rolle zu spielen. Es ist sehr einfach, die Dinge aus dem Blickwinkel des anderen zu sehen. |
| **Akzeptanz und Annahme:** Die Dinge so zu nehmen, wie sie im Moment sind – auch uns selbst, andere Menschen und ihr Verhalten, das Wetter, die Welt, Gegebenheiten usw. – auch wenn wir nicht ganz einverstanden sind. Es gibt uns jedoch einen sicheren Boden, auf dem wir stehen und überlegen können, welche Veränderungen uns möglich sind. Das hat nichts mit Selbstzufriedenheit zu tun. Den Mut aufzubringen, uns selbst zu verändern – und das ist das einzige, wofür wir genügend Kraft haben – verwandelt alles, da die Welt, die Umgebung uns ständig reflektiert. |
| **Frieden:** Nur wenn wir uns selbst lieben – Körper, Geist und Seele – können wir in innerem Frieden leben. Nur wenn wir das erreichen, können wir ein Werkzeug des Friedens und der Heilung für die Welt sein. Schade, viele von denen, die aktiv Eingaben für den Frieden in der Welt machen, tun dies mit Aggression und fügen damit ihre persönliche Missstimmung zu den schon bestehenden Konflikten in der Welt hinzu. Nur wenn wir zuerst unsere eigenen Herzen frei machen und heilen, können wir Frieden in die Welt geben. |
| **Respekt:** Dies bezieht mit ein, anderen Achtung und Wertschätzung entgegenzubringen – wer sie sind, was sie tun, wie sie fühlen und wie sie den Herausforderungen in ihrem Leben begegnen. Es kann jedoch durchaus sein, dass ich jemanden respektiere und ohne Beurteilung achte und trotzdem entscheide, dass er/sie in meinem Leben keine Rolle spielen sollte und mich von ihm/ihr trenne – höflich, mit Liebe und Respekt. |
| **Loslösung und Freiheit:** Im Zentrum wirklicher Liebe ist Freiheit und die Freude, andere zu sehen, wie sie wachsen und ihr Potenzial ausweiten. Liebe, Respekt und Vertrauen in den Prozess des anderen, sein Wachstum und seine Entwicklung, dies alles hält uns zusammen. Anhaftung fördert Abhängigkeit. |
| **Bindungen eingehen:** Wenn wir jemanden lieben, entwickeln wir Verbindungen, wie starke Bänder zwischen unseren Herz-Chakras, die uns unterstützen und uns helfen, auch in schweren Zeiten zusammenzubleiben. Wenn diese Bindungen durch Trennung oder Tod zerrissen werden, ist der Schmerz über den Verlust sehr groß – das ist die Kehrseite davon. |

**Leid und Trauer:** Da unser Herz-Chakra tiefe Liebe zulässt, gibt es uns auch als natürliche Reaktion die Trauer, wenn Herzensverbindungen getrennt werden. Eine gesunde, normale Trauerzeit dauert, als grober Anhaltspunkt, etwa zwei Jahre.

**Optimismus:** Den teilt sich das Herz-Chakra mit dem Solarplexus-Chakra, wir sehen die guten Seiten in allen Dingen und sind nie ohne Hoffnung. Wir machen uns selbst weder Illusionen noch sehen wir alles durch eine rosarote Brille. Da wir mit dem Besten im Menschen mit unserer Liebe kommunizieren, spiegeln sie unsere Liebe wider, und mit jedem Lächeln ändert sich die Welt ein wenig.

**Vergebung:** Ein gesundes Herz gestattet uns, mit Verständnis, Liebe und Mitgefühl zu vergeben. Wir können verstehen, dass die Schmerzen, die andere uns bereitet haben, einfach nur die Prozesse, Gefühle und Erfahrungen widerspiegeln, die für den anderen gelten. Vergebung befreit uns von der Vergangenheit und setzt Energien frei, die oft jahrelang gebunden waren und uns ohne Bürde im Leben weitergehen und die Gegenwart genießen lassen.

**Die Neigung, sich zu verlieben:** Wir verlieben uns und können manchmal nicht unterscheiden zwischen Abhängigkeit und Verliebtsein, denn anfänglich kann sich beides gleich anfühlen. Doch es handelt sich hier um zwei sehr unterschiedliche Dinge. Im Gefühl der Verliebtheit verlieren wir manchmal für kurze Zeit unsere Grenzen und existieren als formlose Energiekörper. Darauf folgt dann eine Zeit des Wechsels, von Drama und Durcheinander zu einem Stadium tiefer Liebe und Zufriedenheit, verbunden mit der Zuversicht, dass dieses Band aus Liebe, Vertrauen, Respekt und Mitgefühl zwischen uns auch hält, wenn wir zeitlich und räumlich getrennt sind.

**Körperliche Aspekte:** Das Herz-Chakra regelt die Gesundheit des physischen Herzens, des Blutkreislaufs, der großen Gefäße, des Atemtraktes und des Immunsystems. Der Brustkorb, die Brüste, Arminnenseite und die Handinnenflächen werden vom Herz-Chakra überwacht sowie auch die Brustwirbelsäule.

## Und wenn etwas schief läuft ...

Wenn es im Alter von zwölf bis sechzehn Jahren Probleme gab, ist es möglich, dass einige der folgenden Schwierigkeiten heute im Erwachsenenalter zutreffen.

**Probleme in Beziehungen aller Art:** Gegenseitig unterstützende, liebevolle Beziehungen zu unterhalten, die Gleichheit, Friede und Freiheit respektieren, kann sehr schwierig sein. Oft werden Muster aus früheren Beziehungen wiederholt, lassen die Verhältnisse kurzlebig und schmerzhaft verlaufen oder lang und zehrend, doch nie wirklich mit gegenseitiger Sorge und Unterstützung.

**Co-Abhängigkeit:** Wir fühlen uns irgendwie unvollständig und nicht vollkommen und suchen nach Menschen, die uns helfen, glücklich und vollständig zu sein. Die daraus resultierenden Verhältnisse gegenseitiger Abhängigkeit, geleitet durch Furcht, Kontrolle und Gefangensein, bringen Angst und Schmerz für beide Seiten. Wenn nicht schon vorher, gehen sie meistens im vierten Jahr zu Bruch, können sich jedoch auch noch für Jahre dahinquälen, weil keiner der Partner riskieren möchte, wieder alleine zu sein. Solche Beziehungen enden typischerweise in Bitterkeit, menschlicher Härte, Androhung von Gewalt oder auch mit Rache. Wer sich wirklich geliebt hat, beendet diese Verbindung nicht mit gegenseitiger Bedrohung.

**Negativität und Pessimismus:** Sie entstehen anstelle einer optimistischen Grundhaltung, ziehen uns nach unten und beeinflussen unsere Begleiter, die eine entspannte Atmosphäre oder Spontaneität mit uns in zunehmendem Maße schwierig finden. Enttäuschung, Depression, Verwundbarkeit und Gefühle der Ablehnung folgen, während wir durch unsere Negativität und den Pessimismus Menschen von uns abstoßen und somit auch uns der Nähe berauben, derer wir so sehr bedürfen und die wir uns wünschen.

**Zerstörende Kritik:** Eigenes Unglücklichsein führt häufig dazu, andere vernichtend zu kritisieren. Selbstverständlich führt das zu weiterer Isolation, da wir andere so verletzen, dass sie uns verlassen.

**Mangel an Verzeihung und Festhalten an altem Groll:** Ohne ein gesundes Herz-Chakra können wir nie wirklich ganz verzeihen, und Argumente und Widersprüche sind nie wirklich vorbei. Dieser alte Groll wird jahrelang lebendig gehalten, verhaftet uns energetisch in der Vergangenheit und schädigt unser Leben.

**Verteidigungshaltung und die Schwierigkeiten mit der Zufriedenheit:** Jede Handlung wird als Verletzung oder Beleidigung empfunden. Unsere kratzbürstige Verteidigungshaltung verursacht bei den Menschen um uns herum die Auffassung, dass, egal was sie versuchen, es nie richtig ist, nie genug oder nie so, wie wir es eigentlich haben wollen. Unterschwellig und leise, jedoch aggressiv, stoßen wir die anderen, die zu uns in Beziehung stehen, weg. Wir schaden ihnen mit unseren Worten und entschuldigen unser verletzendes Verhalten mit unserer Sensibilität und damit, dass wir am Rande unserer Kraft sind.

**Abneigung, Urteil, Hass, Vergeltung und Rache:** Unfähig, die guten Dinge in allem wahrzunehmen, lehnen wir häufig andere Menschen ab, urteilen über sie und hassen sie manchmal sogar. Wenn die Umstände so sind, dass wir uns verletzt glauben, revanchieren wir uns entsprechend mit Rachegefühlen. Die Gestaltung solcher starker und gefährlicher Sperren zwischen uns und denen, die wir als anders und inakzeptabel ansehen, bildet die Grundlage für Rassismus und Krieg.

**Burn-Out-Syndrom:** Während wir unsere Liebe und Energie über unseren Partner ausgießen, um ihn oder unsere Klienten zu heilen, vielleicht auch die ganze Welt, verbrauchen wir alles, sind erschöpft und realisieren unseren schlimmsten persönlichen Alptraum: Wir sind nicht mehr imstande zu helfen, wir sind ausgebrannt.

| |
|---|
| **Rettung:** Immer dann, wenn wir jemanden retten – und damit meine ich, dass wir etwas für denjenigen tun, was er gut selbst tun könnte und was ihm/ihr dann zu neuem Wachstum verhelfen würde – unterdrücken wir sie und geben ihnen das Gefühl, wenn auch nicht mit Worten, dass sie uns unterlegen sind, dass wir besser wüssten, wie sie ihr Leben führen könnten. Dies tritt eine Kaskade von zerstörenden Verhaltensweisen los, die für beide Partner schädlich ist. Es endet darin, dass die gerettete Person ein Stadium der erlernten Hilflosigkeit erreicht und sich noch minderwertiger fühlt, inakzeptabel und abhängig. Der Retter selbst erscheint überlegen und reagiert mit Straf- und Schuldzuweisung, wenn er herausgefordert wird. Eigentlich ist hier jeder vom anderen abhängig – der eine von der Hilfestellung und der andere von der Ehre. Es ist wichtig, daran zu denken, egal, wie gut gemeint die Hilfestellung ist; denn es ist immer auch eine Kränkung des anderen. |
| **Körperliche Symptomatik:** Herz- und Kreislauferkrankungen, Bluthochdruck, Angina pectoris und Herzrhythmusstörungen sind nur einige Möglichkeiten, wenn das Herz-Chakra nicht gesund ist. Unter anderem können auch Atemwegserkrankungen wie chronische Bronchitis, Asthma bronchiale und ein Lungenemphysem (Erweiterung der Lungenschäden) auftreten; und da unser Immunsystem schwach ist, sind wiederkehrende Infektionen und Autoimmunerkrankungen oft die Folge. Auch Erkrankungen der Brüste, einschließlich Brustkrebs, entstehen durch ein gestörtes Herz-Chakra. |

### Aroma-Öle und Heilsteine für das Herz-Chakra

Rosen-, Lavendel- und Jasmin-Öle sind für dieses Chakra sehr dienlich, die Edelsteine der Wahl sind Rosenquarz, Aventurin, Malachit und Jade. Rosenquarz unterstützt unsere tiefe Liebe, die wir sehr sachte und vorsichtig, voll Mitgefühl und Empathie, geben, um offen und ehrlich eine Liebesgeschichte eingehen zu können. Er hilft uns auch für Weisheit in Entscheidungen. Aventurin verleiht uns Geduld, Akzeptanz und Toleranz und stützt unsere Fähigkeit zu entspannen und unseren Schlaf. Malachit verstärkt Mitgefühl und Empathie und stimuliert unsere Wünsche sowie unsere Lernfähigkeit. Jade reguliert die Herzfunktion, verbessert unsere Lebenskraft, und sprichwörtlich sorgt Jade für ein langes Leben.

## Und nun zu Dir

Hier ist die Gelegenheit, ans Licht zu holen, was geheilt werden soll. Ob Deine Erlebnisse verworren und schmerzvoll sind oder aufregend und wunderbar, erfasse alle Erinnerungen.

So, nun also los …

Atme tief ein. Nimm mehrere tiefe Atemzüge und schreibe alles auf, was Dir einfällt. Gehe mit Deiner Aufmerksamkeit zurück in diese Zeit. Mache Dir keine Gedanken um die späteren Zeiten, wenn Du da noch nicht angelangt bist.

Meine Erinnerungen an die Zeit im Alter von zwölf bis sechzehn Jahre:

Die wichtigsten Menschen in meinem Leben waren (es könnte sich um Familienmitglieder handeln, Lehrer, Freunde, Menschen, die Dich geliebt haben und solche, die Dir Schmerzen zugefügt haben):

Meine Gefühle über diese Zeit und zu den Menschen aus dieser Zeit sind:

*Wenn ich auf diese Art von der Liebe spreche, meine ich nicht das Gefühl der Süße, das Gefühl der Zuneigung oder eine andere Stimmung. Diese Empfindungen finden sich oft in abhängigen und anhaftenden Beziehungen. Die Liebe, die ich meine, hat eine Aufgabe, sie ist voller Kraft und reiner Absicht, sie lebt im Kern der Wahrheit von allem, was existiert.*
– Glenda Green –

## Zweite Phase der Aufmerksamkeit

Was ereignete sich in meinem Leben im Alter von zweiundvierzig bis sechsundvierzig Jahren:

Die wichtigsten Menschen in meinem Leben waren:

Meine Gefühle über diese Zeit und zu den Menschen aus dieser Zeit sind:

## Dritte Phase der Aufmerksamkeit

Was ereignete sich in meinem Leben im Alter von zweiundsiebzig bis sechsundsiebzig Jahren:

*Ein Mensch ohne Seelenleben ist der Diener seiner Umgebung.*
*– Henri Frederic Amiel –*

Die wichtigsten Menschen in meinem Leben waren:

Meine Gefühle über diese Zeit und zu den Menschen aus dieser Zeit sind:

*Nur Gott kann die Sehnsucht der unsterblichen Seele sättigen; da das Herz für ihn erschaffen wurde, kann nur er es füllen.*
*– Richard Chevenix Trench –*

## Was ich dadurch erhalten habe

Zähle nun alle positiven Auswirkungen und Veränderungen in Deinem Leben in der folgenden Liste auf. Zum Beispiel: Ich musste meinen Wohnort wechseln; ich musste mit einer neuen Karriere beginnen; meine Heilung hat damit begonnen; ich wurde so krank, dass ich mir Hilfe suchen musste. Wenn Du die positiven Seiten im Moment noch nicht sehen kannst, überspringe einfach diesen Teil und komme darauf zurück, wenn es für Dich mehr Sinn macht. Falls Du so verfahren möchtest, gehe bitte später noch einmal beide Meditationen durch. Dann werden sich Deine Fähigkeiten zur Vergebung und zum inneren Frieden deutlich gesteigert haben.

Nun hattest Du eine Chance, auf Dein Herz-Chakra zu schauen und zu erfahren, wie es sich verhält. Lasse uns nun sehen, wie wir mit der Heilung beginnen können.

# Übungen

Die folgenden Übungen werden Dir helfen, den Schmerz der Vergangenheit zu überwinden und eine ausgeglichene und harmonische Zukunft zu beginnen.

*Mitgefühl ist der Kern der wahren Spiritualität; es überschreitet jede genaue Beschreibung und die Unterschiede der Religionen und Glaubensrichtungen.*
*– Chagdud Tulku Rinpoche –*

## 1. Übung

Du benötigst:

- Dieses Buch, Deinen Stift und etwas Papier extra
- Eine Stunde ohne Unterbrechung

Ein gesundes Herz-Chakra führt zu einer positiven Grundeinstellung und zu einer optimistischen Geisteshaltung, die Dein Leben verändern kann. Diese Übung wird Dir helfen, den Nutzen der Veränderung Deiner inneren Einstellung zu sehen und praktische Wege aufzeigen, wie Du beginnen kannst.

Lasse uns zuerst betrachten, was passiert, wenn wir negativ sind.

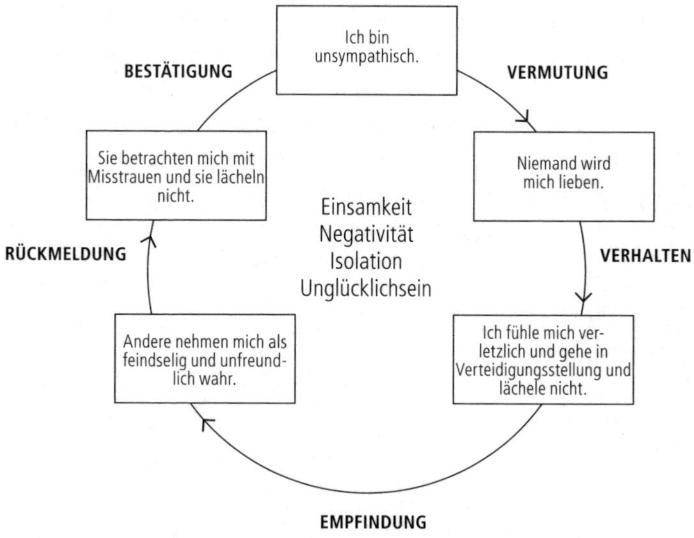

Anhand des Diagramms kannst Du sehen, wie ein negativer Gedanke wie „ich bin unsympathisch" zur Annahme führen kann, dass überhaupt niemand mich leiden kann. Wenn ich überzeugt bin, dass Menschen mich nicht mögen und mich zurückweisen, fühle ich mich verletzlich und verhalte mich vielleicht sogar feindlich oder bin in Verteidigungsstellung, die ich klar nach außen reflektiere. Umgehend kommt natürlich eine nicht so freundliche Antwort von anderen, und nun habe ich die negative Rückkoppelung, die ich als Bestätigung meiner anfänglichen Annahme erfahre: Ich bin unsympathisch. Ich bin nun mitten im Prozess, einen vollkommen neuen Zyklus von negativen Gedanken aufzubauen, negativen Annahmen sowie Verhalten und Rückkoppelung, und diesen Kreislauf wiederhole ich so lange, bis ich schließlich einsam und isoliert bin. Im Grunde jedoch habe ich das Ganze selbst inszeniert, ohne dass ein anderer wirklich dazu beigetragen hätte. Ich habe die Bühne aufgebaut, alle Skripte selbst geschrieben, alle Rollen selbst gespielt; auch beim Schlussvorhang war ich alleine.

Lasse uns nun einige Deiner Denkweisen und Grundeinstellungen betrachten und wie sie Dein Leben und Deine Beziehungen geformt haben. Durch zwei kannst Du Dich hier im Buch durcharbeiten (Beispielsweise: „Ich denke, ich bin wertlos"), und falls Du noch mehr Gedanken bearbeiten möchtest, benutze das Papier, das Du Dir bereit gelegt hast. In Zukunft, immer dann, wenn sich die Dinge nicht so anfühlen, wie Du sie Dir wünschen würdest, kannst Du einen ehrlichen Blick auf Dein eigenes Verhalten richten, auf Deine Denkweisen und die Grundeinstellung. So wird es Dir möglich, anhand der Übung mit Dir zu arbeiten, bis Du Deine Wirklichkeit verändern kannst.

*Dies bedeutet Konfrontation mit dem Herzen: Mutig voreinander stehen und die innere Wahrheit vom Herzen her mit Liebenswürdigkeit, Selbstbehauptung und Güte offen aussprechen*
*– Brenda Davies –*

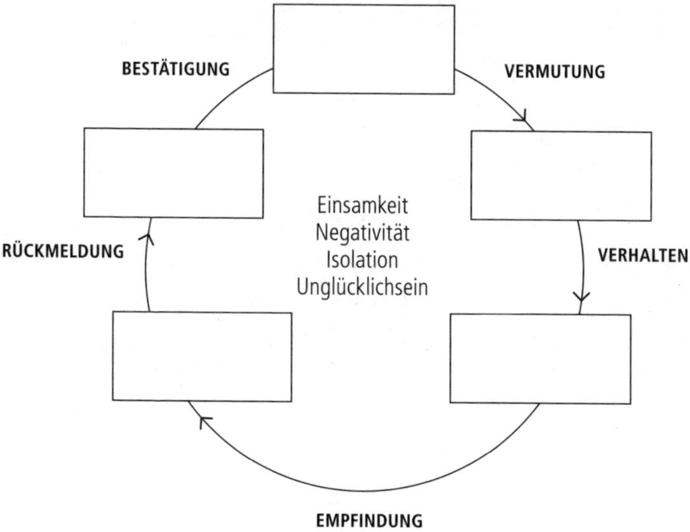


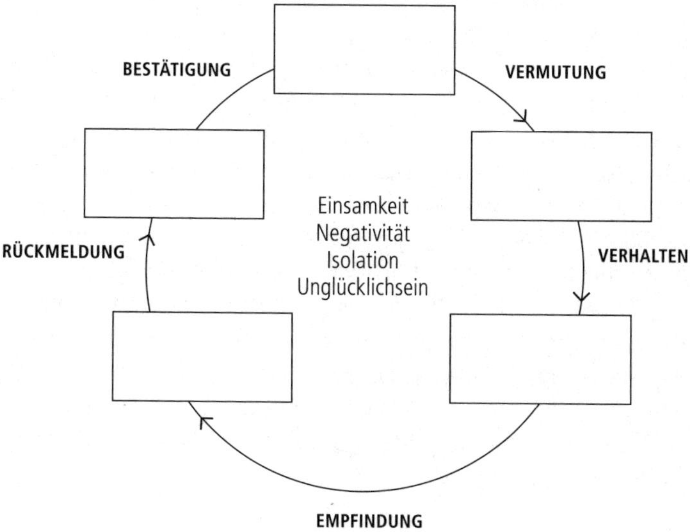


Nun wollen wir den Kreislauf umdrehen, indem wir unser Herz öffnen und bereit sind, das Risiko einzugehen, eine positive Geisteshaltung einzunehmen.

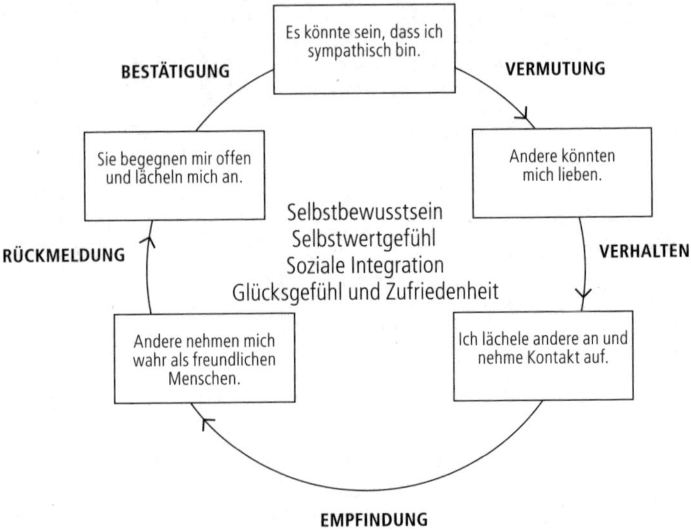


Im obersten Block ändere ich meine Gedanken um in „Es könnte sein, dass ich sympathisch bin". Wenn dies so ist, stimmt auch meine Vermutung, dass andere mich mögen könnten. So ändert sich mein Verhalten – und ich lächele. Und welche Überraschung! Die Menschen lächeln zurück. Diese positive Rückmeldung bekräftigt, dass ich liebenswert bin. Nun habe ich eine bestätigte Ansicht – und mein Selbstbewusstsein steigt. So bin ich bereit, mehr Risiken einzugehen im Umgang mit anderen Menschen, und meine Grundhaltung wird langsam sonnig und optimistisch. Die Grenzen meiner bisherigen Welt weiten sich – und mein Selbstwertgefühl steigt weiter. Letztendlich öffnet sich meine Welt zu mehr Glück und Zufriedenheit.

Überarbeite nun Deine Beispiele, indem Du immer den ersten Satz positiv umformst. Um mein Beispiel von vorhin noch einmal zu nutzen, der anfängliche Gedanke würde dann heißen: „Vielleicht bin ich nützlich." Wie würde nun Deine Vermutung aussehen, wie würde sich Dein Verhalten ändern? Welche Rückmeldung hättest Du dann? Und Deine neue Einstellung zu Dir selbst wäre?

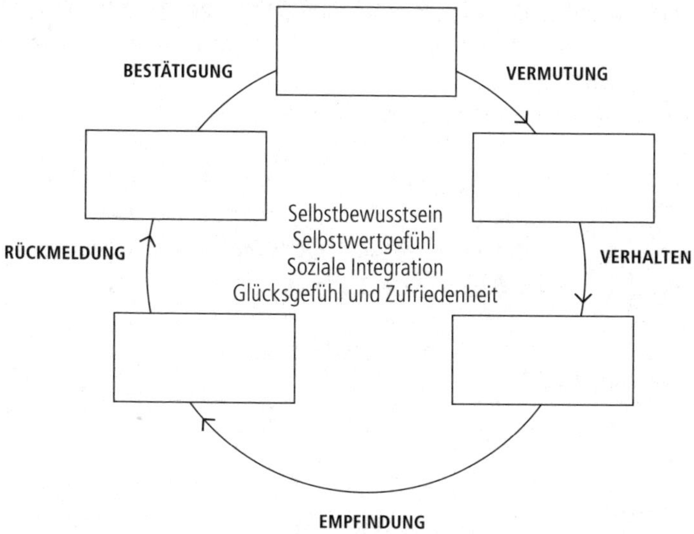


Wenn Du auf einem anderen Papier noch mehr Beispiele entworfen hast, betrachte Deine Sätze mit einer positiven, optimistischen Einstellung und überarbeite sie nun.

Jetzt wird es nötig, dies alles in die Praxis umzusetzen, indem Du mit einer eher positiven Grundeinstellung in jede Handlung gehst und beobachtest, was geschieht. Es wird Deinen Prozess beschleunigen, da Du jeden einzelnen Tag an Deiner positiven Grundeinstellung arbeitest. Weiter unten findest Du einige positive Gedanken – Affirmationen – um Dir den Anfang zu erleichtern. Dich an sie zu erinnern und sie leise für Dich zu sprechen, speziell in Situationen, in denen Du Dich vorher verletzlich und negativ gefühlt hast, wird eine tiefgreifende Wirkung zeitigen. Die Auswirkungen sind nicht nur in Deinem Herz-Chakra zu spüren, sondern verändern auch Dein Gemüt, Deine Beziehungen und Dein ganzes Leben. Die besten Affirmationen sind die, die Du selbst gestaltest. So spiele ruhig etwas damit und forme sie so lange, bis sie für Dich passen.

*Ich bin liebenswert, und die Menschen sind glücklich, in meiner Nähe zu sein.*

*Jeder Moment meines Lebens bietet mir ein neues Geschenk. Ich öffne mich mit Liebe und Dankbarkeit, um diese Gaben zu empfangen.*

*Jeder Austausch mit jedem Menschen schenkt mir Möglichkeiten und neue Chancen. Ich gebe und nehme voll Liebe und Dankbarkeit.*

*Ich grüße jeden mit Respekt, Offenheit, Liebenswürdigkeit und Mitgefühl.*

*Ich weiß, dass ich einzigartige und wundervolle Gaben für die Welt bereithalte. Wenn ich einfach entspanne und ich selbst bleibe, mache ich sie für die Welt sichtbar.*

*Die Tendenz, negative Konsequenzen hervorzurufen, ist bei Anhaftung und enger Bindung oftmals gegeben; während Liebe und Mitgefühl immer zu positiven Konsequenzen führen.*
*– XIV. Dalai Lama –*

Ergänze nun eigene Affirmationen

___

___

___

## Übung 2

Du benötigst:

- Dieses Buch und Deinen Stift
- Fünfundvierzig Minuten ohne Unterbrechung

Diese Übung wird Dich unterstützen, um Deine Aufmerksamkeit nach außen zu verändern, die Beurteilung anderer zu verringern und mehr Gewicht auf die Freude in der Welt zu legen.

Ist unser Herz-Chakra unglücklich, machen uns der Schmerz, die Trauer und die Negativität recht egozentrisch. Wir beschäftigen uns nur noch mit uns selbst und verlieren das Interesse am Nächsten. Verlegen wir unsere Aufmerksamkeit von uns selbst wieder mehr darauf, was andere fühlen und denken, geben vielleicht Hilfestellungen, dann wird sich unsere Perspektive hinsichtlich der eigenen inneren Misere verändern – und unser Herz wird heilen. Dennoch ist dies keine Einladung, über eigene Schwierigkeiten hinwegzufegen oder sie zu verleugnen. Genauso wenig ist gemeint, im Leben anderer mitzumischen, um sie zu retten.

Es lohnt sich, diese Übung mit der Achtsamkeit auf eine Person gerichtet durchzuführen, mit der Du Schwierigkeiten hast.

Denke nun an jemanden, mit dem Du ein Problem hast und schreibe den Namen auf.

Was weißt Du über diesen Menschen?

Was gefällt Dir an diesem Menschen?

Was missfällt Dir an diesem Menschen?

*Die Liebe hält Deinen Mond in der Umlaufbahn Deines Planeten. Die Liebe hält Dich im Kreislauf um Deine Sonne. Die Liebe ist die Nahrung der Seele. Die Liebe bringt Heilung.*
*– Andrew Ramer –*

Warum verhält sich dieser Mensch so? Was denkst Du?

Welche Grundlage hat Deine Mutmaßung?

Kennst du das Trauma im Leben dieses Menschen?
Was weißt Du darüber?

Könnte das Trauma ein Grund (keine Entschuldigung) für das Verhalten sein?

Was denkst Du, wie es sein könnte, das Leben dieses Menschen zu führen und zu ertragen, woran diese Person leidet? Versuche für einen Moment, in den Schuhen des anderen zu gehen. Wie fühlt sich das an?

Könntest Du Dich etwas annähern, vom Herzen aus verstehen und, wenn es nötig ist, auch vergeben?

Wie fühlt sich Dein Herz nun an? (Vergebung bewirkt immer einen beachtlichen Heilungseffekt im Herz-Chakra.)

*Die Liebe ist die vollkommene Summe aller Freuden.*
*– Tobias Hume, 1645 –*

Frage Dich, ehe Du diese Übung beendest – ob das Verhalten dieses Menschen irgendetwas von Dir widerspiegelt? (Fast immer reflektieren Menschen, die wir lieben oder nicht lieben, etwas von uns – entweder etwas, auf das wir stolz sein können oder etwas, das wir an uns nicht mögen, das aber – wenn wir es ans Licht gebracht haben – heilsam wirken kann.)

Es erinnert mich an:

**Übung 3**

Du benötigst:

- Dieses Buch und Deinen Stift
- Etwas Briefpapier und einen Briefumschlag
- Für heute dreißig bis fünfundvierzig Minuten Zeit ohne Unterbrechung. In drei oder vier Tagen wieder fünfundvierzig Minuten und danach noch einmal, wieder in drei oder vier Tagen.

Schreibe einen Brief an Dich, als wenn Du diesen Brief für Deinen besten Freund verfassen würdest. Erzähle ihm/ihr Deine Sorgen, Deine Ängste und Deine Enttäuschungen. Berichte über alle Dinge, die Dir Schmerzen zugefügt haben und noch nicht geheilt sind; über Deine Wünsche, Pläne und Ziele; was Du erreicht hast, auf welche Dinge die Du stolz bist und womit Du zufrieden bist. Berichte über die guten Dinge in Deinem Leben und was Du wirklich gerne verändern würdest. Füge alles hinzu, was Du möchtest, beende den Brief angemessen, verschließe ihn in einem Briefumschlag und lege ihn an einen sicheren Platz.

Drei oder vier Tage später ...

Setze Dich bequem hin an Deinem sicheren Ort, schließe die Augen und atme langsam und tief. Bereite Dich darauf vor, Deinem Freund liebevoll und hilfreich zur Verfügung zu stehen. Wenn Du so weit bist, öffne den Brief und lies ihn langsam und sorgfältig durch, voller Mitgefühl und Verständnis.

Von einem sehr liebevollen Standpunkt aus betrachtet, antworte nun auf jeden Punkt. Erzähle Deine Gedanken und Gefühle zu den geschilderten Erlebnissen Deines Freundes. Tröste, wenn es nötig ist, erfreue Dich, wenn es passend ist und gib Anregungen für die Dinge, die anliegen – vielleicht könntest Du sogar eine Liste aufstellen. Zum Ende des Briefes sage ihr/ihm, wie sehr Du sie/ihn schätzt. Hinterlege den Brief an einem sicheren Ort.

Drei oder vier Tage später ...

Öffne den Brief und lies die mitfühlenden Ratschläge, die Du von Deinem besten Freund bekommen hast. Lasse die Liebe Dein Herz berühren. Erfasse, was getan werden muss und wo Du beginnen könntest? Welche kleine Änderung könntest Du heute vornehmen? (Es gibt immer etwas.) Erstelle nun einen realistischen Zeitplan für Deine Änderungen.

Als Beispiel:

- Von heute an möchte ich mich daran erinnern, mir selbst so zu begegnen, wie ich es mit meinem besten Freund tun würde. Jedesmal, wenn ich etwas Negatives über mich denke oder spreche, werde ich es umwandeln zu einer eher angemessenen und freundlichen Form.
- Ich werde heute im Telefonbuch eine Gruppe heraussuchen, in der ich dies üben kann.
- Morgen werde ich mir einen Strauß Blumen kaufen.
- Nächsten Monat werde ich mir etwas Geld zugestehen, um einige

wichtige Dinge zu kaufen, die meinem Wohlgefühl und meinem spirituellen Wachstum dienen – zum Beispiel Heilungs-Musik, Kerzen, einen Edelstein oder ein wohlriechendes Aroma-Öl.

- Am Freitag werde ich meine alte Schwimm-Urkunde abholen und sie dahin hängen, wo ich sie immer sehen kann, und stolz darauf sein.
- Ich werde meinen Körper jeden Tag nach einem Bad oder einer Dusche mit einer wundervoll duftenden Lotion oder mit Massageöl eincremen. Wenn es mir möglich ist, buche ich eine Stunde in einem Massagestudio.
- Wenn meine Schwester das nächste Mal ihren Besuch samt Familie ankündigt, erbitte ich mir eine Bedenkzeit, um nachzuschauen, ob dies mir wirklich gelegen kommt.

## Übung 4

Du benötigst:

- ☙ Dieses Buch und Deinen Stift
- ☙ Dreißig Minuten ohne Unterbrechung an Deinem sicheren Ort

*Man kann die Kräfte von negativen Emotionen, wie Ärger und Hass, überwinden durch die heilende Pflege der Gegenkräfte – Liebe und Mitgefühl.*
*– XIV. Dalai Lama –*

Da ich möchte, dass mein Geist und meine Seele mit guten und schönen Dingen angefüllt sind, versuche ich, ihnen eine liebevolle Diät zuzuführen: Mit guten Nachrichten, positiven Gedanken, heilender Musik, angenehmen Erinnerungen, liebevollen Taten, süß duftendem Parfüm, sachten Berührungen und erhebenden Anblicken. Da ich nicht in das wogende Meer von Katastrophen, Unglück, Mord und Tragödien geworfen werden möchte, versuche ich auch, nicht darüber zu lesen oder solche Filme im Kino anzuschauen beziehungsweise im Fernsehen zu verfolgen. Ich weiß sehr wohl, dass dies alles existiert und will nicht meinen Kopf in den Sand stecken. Ich kann jederzeit und überallhin Liebe und Heilung zu Opfern und Tätern senden. Auch den Menschen, die ich kenne und die sich mit ihrem schmerzvollen Lebensprogramm abmühen, das sie sich vorgenommen haben.

Lasse uns auf Deine Diät für Dein Herz-Chakra schauen:

Sind Dein Herz und Dein Verstand mehr durcheinander als nötig, aufgrund der Dinge, die Du als Nahrung bereit hältst? Was ist Deine normale spirituelle Nahrung? (Musik, Liebe, Kunst, schöne oder gewalttätige

Filme, Tratsch oder schlechte Nachrichten?) Was lehren Dich die täglichen Fernseh-Serien? Beginnst Du zu glauben, dass diese intriganten, lügenden, betrügerischen und verschwörerischen Verhaltensweisen und Rachefeldzüge akzeptabel sind? Ganz ehrlich …

Ist Deine spirituelle Diät gut für Dich? (Du könntest Dich vielleicht fragen, ob Du bereit wärst, genau das Gegenteil auf der Körperebene Deinem Körper zuzuführen. Was denkst Du, würde geschehen, wenn Du Deinem Körper schlechte Nahrung, giftige Substanzen und unsauberes Wasser zukommen lassen würdest?)

Erfasse nun zwanzig verschiedene Ideen für eine Herz-Chakra-Diät in einer Liste. Nachstehend findest Du einige Beispiele:

1. Schreibe jeden Abend fünf Beweise für Güte oder andere positive Dinge auf, die Dir während des Tages aufgefallen sind und verstärke sie, indem Du Gedanken voller Liebe und Licht an mindestens fünf verschiedene Menschen schickst.
2. Leihe Dir keine Videos aus, die einen Mord in Dein Zimmer bringen.
3. Umarme und streichele andere zärtlich, wenn die Erlaubnis dazu vorhanden ist und wenn es angemessen erscheint.
4. Tue jeden Tag einen Dienst für Deinen Nächsten, wobei es nichts außergewöhnlich Großes sein muss.
5. Ich möchte die Sucht nach Fernseh-Serien loslassen.
6.
7.
8.
9.
10.
11.
12.

13.

14.

15.

16.

17.

18.

19.

20.

> *Jeder hat ein Talent. Was fehlt, ist der Mut, dem Talent zu folgen, wenn der Weg in die Dunkelheit führt.*
> *– Erica Jong –*

Nimm einen tiefen Atemzug. Triff mit Dir selbst die Verabredung, dies alles in Dein tägliches Leben zu integrieren, und gratuliere Dir danach selbst für die Verbesserung Deiner spirituellen Gesundheit, die in diesem Moment beginnt.

## Meditationen

### Meditation 1

Du benötigst:

- Dieses Buch und Deinen Stift
- Deinen sicheren Platz
- Eine Stunde ohne Unterbrechung

❧ ❧ ❧

Die Einführung in eine Meditation kennst Du inzwischen auswendig. Gehe nun durch Dein Ritual, bis Du Dich wohlfühlst und entspannt bist.

Denke daran, dass alles, was an Empfindungen oder Bildern auftreten kann, Erinnerungen sind und nichts aus der Vergangenheit Dich heute noch verletzen kann. Du hast es schon überlebt.

Dieses Mal gehe zurück in eine Zeit zwischen zwölf und sechzehn Jahren und packe alles zusammen, was auftaucht, alle Begebenheiten, alle

Ereignisse und Deine Gefühle dazu. Du hast sie schon ausgegraben, Du kennst sie. Lasse Dir Zeit....

*Freude ist die Quelle der Transformation. Freude segnet uns. Freude ist unser wahres Ich.*
*– Andrew Ramer–*

Sende jetzt mit einem Gedanken Licht dort hinein, darum herum und durch diese Zeit hindurch, und strahle es auch zu allen Ereignissen und Menschen aus diesem Zeitabschnitt. Lasse das Licht alles heilen und ganz speziell den Anteil von Dir, der zwischen diesen Jahren von zwölf bis sechzehn stecken geblieben ist. Verströme Licht und Liebe in jeden Teil von Dir und gestatte Dir auch, heil zu werden ....

Hülle nun Dein inneres Kind mit einem Strahlenbündel von Liebe aus Deinem Herzen sorgsam ein, halte es behutsam und sicher. Halte es, so dass es sich geborgen fühlt; und wenn es Dir nun möglich erscheint, sende Vergebung zu den Menschen und den Ereignissen aus dieser Zeit. Sende Dir auch Heilung, wenn Du Dich an Dinge erinnerst, die Dir nicht angenehm sind. Betrachte Dich und die anderen mit Mitgefühl und nimm die Tatsache wahr, dass jeder von euch, auch Du, versucht hat, sein Bestes zu geben. Löse Dich von jeder Verbindung, die Du nicht länger fortführen möchtest. Vergangenheit ist Vergangenheit und kann geheilt werden. Alles kann befreit werden.

Wie immer, wenn Du Dich jetzt nicht bereit fühlst, diesen Weg weiter zu gehen, halte hier an und komme langsam zu Deinem sicheren Platz zurück und nimm Verbindung zur Erde auf, bevor Du langsam Deine Augen wieder öffnest.

Wenn es Dir jedoch möglich ist, erhebe Dich zu einer höheren spirituellen Ebene und erkenne, dass die Menschen in dieser Zeit in ihren eigenen Entwicklungsprozessen steckten und aus ihrem eigenen Schmerz und Durcheinander heraus so gehandelt haben ... Vergib ihnen ... lasse sie los, beschenkt mit Deinem Mitgefühl und Deinem Verständnis.

Wenn es Dir nun möglich erscheint, steige zu einer noch höheren spirituellen Ebene auf und erkenne, dass die Menschen Dich Dinge lehrten, die Du in diesem Leben lernen solltest. Dies war der einzige Weg, der jenen Prozess ermöglichte. Sie waren ein wichtiger Teil Deiner Verwandlung, wie Du auch wichtig in ihrem Leben warst. Wenn möglich, sende ihnen Dankbarkeit für die Lektion und dafür, dass sie solch eine wichtige Rolle in Deinem Leben gespielt haben. Entlasse sie dann voller Mitgefühl und Liebe.

Nimm Dir die Zeit dafür, die erforderlich ist.

Nun ist alles geklärt. Atme Liebe und Mitgefühl in diesen jungen Anteil in Dir. Umhülle Dich mit endloser Liebe. Lasse Frieden und Heilung einkehren. Atme langsam und tief und erfreue Dich an diesem inneren Frieden. Nimm zur Kenntnis, dass Du nie mehr ganz wie früher sein wirst, da ein wichtiger Teil in Dir, der noch in der Vergangenheit verhaftet war, geheilt wurde. Dein Herz ist endlich zur Ruhe gekommen.

Nimm Dir Zeit, und wenn Du bereit bist, komme sachte und langsam zurück an Deinen sicheren Platz. Nimm einen tiefen Atemzug und fülle Deinen ganzen Körper mit Sauerstoff. Werde Dir Deines Körpers bewusst, bewege die Finger und Deine Zehen. Lege Deine Arme um Dich und genieße es …

Erfreue Dich ….

Wenn Du bereit bist, kehre zurück an einen Platz hinter Deinen geschlossenen Augen, und wenn Du wirklich angekommen bist, verbinde Dich innig mit der Erde und öffne sachte und langsam Deine Augen.

❧ ❧ ❧

Nimm Dir Zeit … trinke ein Glas Wasser … recke und dehne Dich etwas. Schreibe nun alles, was Du möchtest, in Dein Tagebuch. Wenn Du willst, lege eine Pause ein, bevor Du zur letzten Meditation für das Herz kommst.

## Meditation 2

Du benötigst:

- Dieses Buch und Deinen Stift
- Deinen sicheren Platz
- Eine Stunde ohne Unterbrechung

❧ ❧ ❧

Schließe jetzt Deine Augen. Kehre zurück an Deinen sicheren Ort in Dir und gehe mit Deiner Achtsamkeit auf die Ebene Deines Herzens. Gestatte Dir nun, hier eine wunderschöne rosafarbene Rosenknospe zu sehen. Die Blütenblätter sind geschlossen. Nimm sie einfach wahr in ihrer noch ungeformten Anmut. Betrachte sie behutsam, und wenn Du bereit bist, atme Wärme und Licht hinein und erschaue, wie sie sich öffnet. Langsam und sachte öffnen sich die Blütenblätter, gleiten aneinander vorbei und öffnen die Blüte. Weiter und weiter öffnet sie sich zu ihrer vollen Pracht. Eine wunderschöne, vollkommene pinkfarbene Rose. An ihrem Höhepunkt formt sie eine sehr eindrucksvolle Blüte in all ihrer Schönheit. Obwohl jedes Stadium der Entwicklung liebevoll war, offenbart erst das vollständige Erblühen die Perfektion der Schöpfung – eine herrliche Blume in Ihrer Vollkommenheit.

Betrachte diese Rose als Symbol für Dein eigenes Erblühen. Nun erreichst Du Deine eigene Blütezeit. Du bist am Höhepunkt Deiner Entfaltung – Du bist wie diese Rose, ganz geöffnet, vollkommen geformt, herrlich, atemberaubend schön … Diese Rose ist Dein Geschenk für Dich. Du und Dein Erblühen sind ein Geschenk für die ganze Welt. Halte an dieser Schönheit fest … halte an der Pracht fest. Du bist das Geschenk. Erfreue Dich tief an Deinen Gefühlen … gestatte Dir, diesen Augenblick zu genießen. Nimm die Schönheit Deines Erwachsenseins, Deines vollen Erblühens an, erfreue Dich daran ….

Vom Mittelpunkt der Blüte aus soll sich nun ein Strahlenbündel voller Liebe dahin ausrichten, wohin Du möchtest – heilende, klärende, reine Liebe. Spüre, dass Du genauso geheilt wirst, während Du dies aussendest. Lasse es dahin scheinen, wo es am nötigsten ist. Lasse es heilen, wo immer der Strahl auch hinfällt. Schenke der Welt Heilung durch diese bedingungslose Liebe. Lasse diese bedingungslose Liebe Dein Geschenk für die Welt sein, ein Geschenk, das niemals endet.

Verweile, so lange Du möchtest. Wenn Du bereit bist, gestatte diesem Strahlenbündel voller Liebe, langsam schwächer zu werden – es wird Dich weiter heilen, für immer. Halte an dieser Rose fest, nimm sie in Dein Herz auf.

Fühle Deine Heilung, erfreue Dich daran.

Lasse Dir Zeit. Richte Deine Aufmerksamkeit sachte zurück auf Deinen physischen Körper. Spüre Dein Gewicht auf dem Boden. Gestatte Dir, Deine Erdverbundenheit zu erneuern, die Verbindung zur Erde zu festigen. Dehne und strecke Dich sanft und kehre zurück in die Gegenwart, in diesen Raum. Versichere Dich, dass Du zurück an einem Platz hinter Deinen geschlossenen Augen bist. Fühle Deinen physischen Körper. Lege Deine Arme um Dich herum …. halte Dich … genieße es.

Wenn Du bereit bist, öffne sehr behutsam Deine Augen. Nimm Dir Zeit. Sei einfach Du selbst.

## Affirmationen

*Mein Herz ist von Liebe für das ganze Universum erfüllt.*

*Liebevolle Energie strömt durch mich hindurch und erfüllt mich.*

*Ich öffne mich für gemeinsame unterstützende, vertrauensvolle und achtsame Beziehungen.*

Gestalte Deine eigenen Affirmationen

*Unsere Liebe ist eine immerwährende Aufgabe. Fortwährend verfeinern wir sie, vermehren sie, verbessern sie, sorgen für den richtigen Rahmen. Das ist es, was wir denken, was wir tun. Wir wissen jedoch, dass die Liebe ständig uns verfeinert, uns verbessert, unser Glück vermehrt und uns eine immer wieder neue Form gibt.*
*– Peter McWilliams –*

Notizen

*Wenn wir unsere Betrachtungsweise auf Ereignisse oder Angelegenheiten verändern, kann jede Erscheinung oder jedes Phänomen ein Quell der Glückseligkeit sein.*
*– XIV. Dalai Lama –*

# V. Kapitel • Das Kehl-Chakra

*Deine Seele soll viele Fenster haben,*
*damit die Herrlichkeit des Universums hineinstrahlen kann.*
*Doch nicht das eng gefasste Glaubensbekenntnis kann seinen hell*
*leuchtenden Glanz einfangen,*
*der aus unzähligen Quellen hervorbricht.*
*Zerreiße den Vorhang des Aberglaubens;*
*lasse das Licht durch helle Fenster eintreten,*
*so leuchtend wie die Wahrheit selbst*
*und so hoch wie der Himmel.*
*Richte Dein Ohr auf die Musik der Sterne, die nicht von dieser Welt ist,*
*und lausche der Stimme der Natur.*
*Möge Dein Herz sich auf Güte und Wahrheit ausrichten, so wie die*
*Pflanze sich nach dem Verlauf der Sonne am Firmament richtet.*
*Tausend unsichtbare Hände reichen hinab zu Dir, um Dir zu helfen, ihre*
*friedensgekrönten Höhen zu erreichen –*
*und alle Kräfte des Himmels sollen Deine Stärke sein.*
*Fürchte Dich nicht, Halbwahrheiten beiseite zu drängen und nach der*
*Vollkommenheit zu greifen.*
*– Ralph Waldo Trine –*

Ausgehend von unseren Basisinstinkten und dem Überlebenssinn des Wurzel-Chakras, vorbei am Sakral-Chakra mit Betonung auf Sinnlichkeit, Ausgeglichenheit, Beweglichkeit und den Fluss des Lebens, sind wir nun aufgestiegen zur Kraft des Solarplexus-Chakras und zur Liebe im Herz-Chakra. Jetzt wenden wir uns der Kommunikation zu, unsere Wahrheit mit Integrität auszusprechen und unsere einzigartige Botschaft für die Welt zu verkünden.

## Was Du mit der Arbeit an Deinem Kehl-Chakra erreichen kannst:

- Kommunikation mit großer Kraft und eindeutiger Klarheit.

- Während Du beginnst, die universelle Wahrheit zu verstehen, entdeckst Du Deine eigene einzigartige Wahrheit.
- Ein besseres Verständnis für Deine ganz besonderen Wesenszüge
- Deine Beurteilung anderer verringert sich, weil Du die Bedeutung von Ganzheit besser verstehst.
- Deine verbale Kommunikation entfaltet sich und gestattet Dir, der Welt um Dich herum Dich selbst zu zeigen.
- Die Entdeckung Deiner Neigungen, Deiner Talente und Deiner Berufung

Schaue Dir nun die folgenden Fragen an, um zu ermessen, welche Arbeit hier von Dir getan werden muss.

| | **Fragenkatalog zur Selbsteinschätzung** |
|---|---|
| ☐ | 1. Fällt es Dir schwer, Deine Gefühle verbal auszudrücken? |
| ☐ | 2. Passiert es manchmal, dass Du Deine Worte nicht sorgfältig gewählt hast und etwas ausplauderst, das Du eigentlich nicht sagen wolltest? |
| ☐ | 3. Empfindest Du Deine Kreativität als blockiert? |
| ☐ | 4. Hast Du Schwierigkeiten mit dem Rhythmus in Deinem Leben – außerhalb, wie etwa mit dem Musiktakt, oder innerhalb, mit den rhythmischen Abläufen in Deinem Körper – wie Herzschlag, Atmung oder Menstruationszyklus? |
| ☐ | 5. Hat die Schilddrüse Dir je Probleme bereitet? |
| ☐ | 6. Musst Du mit Behinderungen beim Hören oder Sprechen leben? |
| ☐ | 7. Hattest Du Komplikationen mit den Zähnen, Deiner Halswirbelsäule, den Ohren oder dem Nasen-Rachen-Raum? |
| ☐ | 8. War die Zeit im Alter von sechzehn bis einundzwanzig Jahren mit Krisen und Verletzungen gefüllt? |
| ☐ | 9. Ist es schwer für Dich, die Regeln des sozialen Umgangs zu erspüren – vielleicht wenn jemand Dir etwas erzählen möchte oder gerade fertig ist und es an Dir liegt, das Thema aufzunehmen? |
| ☐ | 10. Unterbrichst Du andere beim Sprechen oder führst oft eher parallele Konversationen, anstelle eines angenehmen Austauschs? |
| ☐ | 11. Ertappst Du Dich dabei, dass Du manchmal sehr wenig oder gar nichts zu sagen hast und zu anderen Zeiten übersprudelst mit Wortfluten ohne viel Tiefsinn? |

| | |
|---|---|
| ☐ | 12. Fällt es Dir schwer, für Dich zu entscheiden, was richtig und falsch ist und folgst Du somit lieber den ethischen Regeln anderer oder gar keinen Regeln? |
| ☐ | 13. Wanderst Du von Arbeitsstelle zu Arbeitsstelle und denkst jedes Mal, dass dies der Traumjob sein könnte? |
| ☐ | 14. Lügst Du manches Mal oder biegst Du Dir die Wahrheit zurecht, so dass die Dinge besser aussehen, als sie sind? |
| ☐ | 15. Nimmst Du das Leben und Dich selbst oft zu ernst und verpasst dabei, Dir Zeit für Leichtigkeit und Spiel einzuräumen? |

Wenn Du die meisten Fragen mit „ja" beantwortet hast, ist es gut möglich, dass Du Probleme mit Deinem Kehl-Chakra hast. Betrachten wir es näher und gehen darauf ein, wie Du mit der Heilung beginnen kannst.

| Die Grundlagen des Kehl-Chakras: |
|---|
| **Lage:** Obwohl es horizontal an der Vorderseite nach vorne strahlt, anders als bei den anderen Chakras, ändert sich der Winkel nach hinten oben an der Rückseite des Körpers. |
| **Farbe:** Es rotiert mit der Geschwindigkeit von klarem, leuchtend blauem oder türkisfarbenem Licht. |
| **Aktivierung und Entwicklung:** Dieses Chakra beginnt seine Entwicklung mit etwa sechzehn Jahren, führt diese weiter bis einundzwanzig Jahre und wächst, wie bei allen anderen Chakras auch, ein ganzes Leben. Besondere Bedeutung erlangt es wieder im Alter von sechsundvierzig bis einundfünfzig Jahren und noch einmal zwischen sechsundsiebzig und einundachtzig Jahren. |
| **Spezielle Verknüpfung:** Es hat einen engen Bezug zum Sakral-Chakra und manifestiert die Kreativität, die dort ihre Wurzeln hat. |
| **Verbindung mit einem Sinn:** Das Gehör, die Sprache und der Selbstausdruck sind hier beheimatet. |
| **Beziehung zu den Körperdrüsen:** Schilddrüse und Nebenschilddrüsen. Die Schilddrüse versorgt das physische Körperwachstum, die Kontrolle der Körpertemperatur, den Energiehaushalt in den Zellen, den Kohlenhydrat- und Fettstoffwechsel und nicht zu vergessen die Entwicklung der Intelligenz bei Kindern. Die Nebenschilddrüsen versorgen den Calcium-Stoffwechsel. |
| **Neurologische Anbindung:** Der Nervengeflecht an der Seitenwand des Rachens (Plexus pharyngeus) innerviert Hals, Rachen, Zunge und Gaumen, und das Nervengeflecht am Schlüsselbein (Plexus brachialis) versorgt den Arm. |

**Verbindung zur Aura:** Zugehörig zur fünften Aura-Schicht, der ätherischen Schablone (manchmal auch Ätherkörper genannt), hält diese Aura-Schicht eine perfekte Schablone des gesunden physischen Körpers bereit, auch wenn wir durch Verletzung oder Operation Teile unseres Körpers eingebüßt haben.

## Die Aufgaben des Kehl-Chakras:

**Verbaler Ausdruck:** Wenn wir unsere Gedanken und Ideen mit der Welt geteilt haben, hilft uns das nicht nur in Kommunikation und Gespräch zu offenbaren, wer wir eigentlich sind, sondern es lädt auch alle diejenigen in unsere Welt ein, die uns hören können. So wird jeder für diesen Austausch belohnt.

**Hören und Gehör finden:** Das aktive und aufmerksame Zuhören ist mit guter Kommunikation verknüpft. Es verhilft uns dazu, alles zu hören, was gesagt wird. Jede Nuance nehmen wir wahr, achten auf Pausen und spezielle Betonung und vermögen dadurch die Botschaft genau aufzunehmen.

**Nonverbale Kommunikation:** Unser Verstehen wird erweitert durch Signale, die wir von der Körpersprache des anderen empfangen, von ihren Bewegungen, ihrer Körperhaltung, Gestik und Mimik. Manchmal sagt die nonverbale Kommunikation mehr als Worte.

**Interne Kommunikation:** Wir können auch innerlich kommunizieren, auf unseren Körper hören und auf die Zeichen, die er an uns sendet; auf unsere Seele, die uns sachte lenkt; auf unseren Verstand mit seinem anhaltenden Zwiegespräch und auf das Universum mit seiner höchsten Weisheit, die immer für uns zur Verfügung steht.

**Witz, Humor und Improvisation:** Obwohl bis zu einem gewissen Grade Witz und Humor ein Teil der Persönlichkeit sind, ist es doch das gesunde Kehl-Chakra, das Gedanken, Gefühle, Eindrücke und Eingebungen spontan miteinander verbindet und Witz und Humor hinzufügt.

**Wahrheit und der innere Wille, sie zu aktualisieren:** Wenn auch die komplette universelle Wahrheit für uns alle gleichzeitig und ständig zur Verfügung steht, hängt es von der persönlichen Entwicklung und Erfahrung ab, wie viel uns davon bewusst ist. Unser Verständnis der Wahrheit ist keine statische und feste Größe, es ist ein lebendiger Prozess, der sich ständig verändert und entwickelt. Hoffentlich haben wir den Mut, die Wahrheit, so wie wir sie verstehen, zu sagen. Auch wenn sie das, an was wir vorher geglaubt haben, für ungültig erklärt.

**Kreativität:** Ideen, die im Sakral-Chakra entstanden sind, werden hier ausgearbeitet. Welche einzigartigen Gaben wir auch haben, das Kehl-Chakra kann uns mit der Hilfe des gesunden Stirn-Chakras dabei unterstützen, mutig die Umsetzung voranzutreiben und sie mit der Welt zu teilen.

**Berufung:** Obwohl unser Herz uns in die Richtung sendet, in die wir gehen sollen, und unser Stirn-Chakra Intuition, Gespür und unmittelbare Eingebung dazu gibt, ist es das Kehl-Chakra, welches Wahrheit, Integrität, Kreativität und Kommunikation zusammenführt und uns damit eine zielgerichtete und leidenschaftliche Ausrichtung ermöglicht.

**Hellhörigkeit:** Es ist die Gabe des inneren Hörens ohne äußere Stimulation. Es könnte auftreten wie ein inneres Wissen, eine Erkenntnis, die eigentlich von nirgendwo herkommt und die wir doch „hören". Sogar Menschen, die taub sind, können Hellhörigkeit entwickeln.

**Channeling und Mediumismus:** Die Qualität der uralten Gabe der Medialität hat sich in den letzten dreißig bis vierzig Jahren verändert, und viele Menschen haben sich für die Kommunikation mit Wesen aus anderen, höheren Seelenebenen öffnen können. Sie finden den Zugang in einer verständlichen Sprache und geben Lehren voller Weisheit weiter über fast jedes Thema in dieser Welt. Medialität erleichtert die Kommunikation mit Seelen, die bis vor kurzem hier auf der Welt gelebt haben.

**Telepathie:** Wenn Kehl- und Stirn-Chakra gemeinsam wirken, können ohne direkte Mitwirkung durch Sprache und Gehör Gedanken und Botschaften gesendet und empfangen werden. Bis zu einem gewissen Grade sind wir alle zur Gedankenübertragung fähig, speziell mit Menschen, die wir lieben oder zu denen wir eine große Nähe haben. Viele Mütter können sich genau auf ihre Kinder einstimmen; Liebende wissen oft, was der andere denkt; oder wir wollen gerade jemanden anrufen, da klingelt das Telefon und der Betreffende ist am Apparat.

**Körperliche Aspekte:** Das Kehl-Chakra verwaltet den Hals, die Schultern und den unteren Teil des Gesichtes bis unter die Augen und weiter zu Ohren, Nase, Kehle, Stimmbändern, Schilddrüse und Nebenschilddrüsen, Zähne, Zunge und Halswirbelsäule. Die Luftröhre gehört teilweise dazu, doch sie ist auch dem Herz-Chakra angeschlossen; und ähnlich wird die Speiseröhre vom Solarplexus-Chakra gesteuert.

## Und wenn etwas schief läuft ...

Wenn es in der Zeit der Entwicklung des Kehl-Chakras ein Trauma bzw. eine Verletzung gab oder auch später im Bereich des Chakras selbst, ist die Wahrscheinlichkeit groß, dass Du an folgenden Dingen leidest.

**Dürftige oder schwache Kommunikation:** Dies kann alle Aspekte der Kommunikation betreffen – die Sprache (die Denkprozesse reflektiert) mit den Elementen Klarheit, Satzbau, Ton und das Stimmvolumen. Nicht zu vergessen wären auch Hören und wirkliches Zuhören bei allen Dingen, die gesagt werden; die Aufmerksamkeit aufzubringen, die auch die Botschaft hinter den Worten empfängt. Zeigen wir Gegensätze oder eine Unvereinbarkeit zwischen verbaler und nonverbaler Kommunikation, verwirren wir andere, die mit uns kommunizieren wollen.

| | |
|---|
| **Unwillen, die innere Wahrheit zu aktualisieren und auf den neuesten Stand zu bringen:** Wir bleiben fixiert in unseren alten Gedanken, Ideen, Einstellungen und „Wahrheiten", da es uns nicht möglich ist oder wir auch nicht gewillt sind, neue Informationen in uns aufzunehmen, die ständig für uns bereit stehen. |
| **Lügen:** Die Wahrheit anzuerkennen und mit Mut zu verkünden, stellt eine Herausforderung dar. Oft ist die einfachere Wahl das Lügen. Dies könnte zur Gewohnheit werden. Die Wahrheit jedoch auszuschmücken und aufzubauschen, um zu gefallen, ist echtes Lügen. |
| **Humorlosigkeit:** Witzig zu sein, einen Spaß zu verstehen und sich am Humor anderer zu erfreuen, fehlt uns völlig, und wir verpassen viel Spaß in unserem Leben. |
| **Uns selbst zu ernst nehmen:** Das Fehlen spielerischer Leichtigkeit oder der Gewohnheit, über uns selbst und unser Leben zu lachen (nicht über andere!) bringt uns dazu, uns und unser Leben zu ernst zu nehmen. Wir werden hochgradig anstrengend, und es wird für andere schwierig, mit uns zusammen zu sein. Traurigerweise werden wir dann oft zur Zielscheibe für den Spott anderer. |
| **Blockierte Kreativität:** Probleme im Kehl-Chakra blockieren unsere Kreativität; der Mangel an Träumen und Ideen setzt sich in unserem Leben fest, und es wird für uns farblos. Alle anderen um uns herum scheinen jedoch Spaß zu haben. Es kommt noch hinzu, dass wir oft davon überzeugt sind, dass diese nüchterne, blasse Welt die echte Realität ist, und wir kommen gar nicht auf die Idee, eine Änderung herbeizuführen. |
| **Schwierigkeiten, den richtigen beruflichen Werdegang oder die Berufung zu finden:** Anfänglich scheint jede Arbeitsstelle vielversprechend zu beginnen, entwickelt sich jedoch nur selten zu etwas Erfüllendem oder Wertvollem. Vorsatz und Berufung kann man nur schwer theoretisch vorausplanen und entwerfen. |
| **Ein unmoralisches Leben führen:** Ein ethisches Glaubenssystem zu entwickeln auf der Basis von persönlicher Integrität, scheint sehr schwer zu gelingen, und wir könnten ein Leben führen, das gegen die guten Sitten verstößt. Oder wir haben uns ein sehr rigides, moralisch einwandfreies Leben eher aufgezwängt, anstelle es nach unseren Prinzipien und Wünschen passend zu verändern. |
| **Körperliche Symptomatik:** Wiederkehrende Halsentzündungen, Erkältungen, geschwollene Mandeln, Schmerzen im Nacken und an den Schultern und häufige Zahnprobleme. Es könnte auch eine Unter- oder Überfunktion der Schilddrüse auftreten. Die erstere Störung zeigt Symptome wie Lethargie, Gewichtszunahme, Stimmungsabfall, grobporige Haut und brüchiges Haar, die zweite tritt auf mit Anzeichen von rascher Gewichtsreduktion, Angstzuständen, Schlafstörungen und erhöhten Energieschüben zusammen mit Überspanntheit und innerer Unruhe. |

### Aroma-Öle und Heilsteine für das Kehl-Chakra

Die Duftöle von Hyazinthe und Lavendel beruhigen sanft, während Patschuli und weißer Moschus die Kreativität anregen. Türkis unterstützt die Verbesserung der Kommunikation, den kreativen Ausdruck und die emotionale Ausgeglichenheit. Es vertieft den Zustand der Meditation und klärt die Intuition. Ihm wird auch nachgesagt, Glück und Reichtum zu bringen und Liebe und Freundschaft zu erhalten. Fluorit bestärkt uns darin, entschieden gegen Unterdrückung vorzugehen und für Gerechtigkeit einzutreten. Dieser Stein unterstützt unsere Fähigkeiten, zu lernen und kreative Lösungen zu erarbeiten, damit wir unser volles Potenzial verwirklichen können. Blauer Achat, mit zart schimmernden weißen Bändern, hält uns ruhig in unserem Innersten. Ein Aquamarin klärt die Gedankenprozesse, reduziert unseren Stress und fördert die Kreativität. Lapislazuli stärkt die Schilddrüse und steigert unsere psychische Stabilität. Dieser Heilstein inspiriert ein Anwachsen des kreativen Ausdrucks und hebt die Lebenskraft. Silber ist bekannt für die Begünstigung des sprachlichen Ausdrucks und die Stärkung unseres Glaubens in die göttliche Kraft in uns. Es ist somit vorteilhaft, wenn Du diese Heilsteine zusammen mit Silber trägst.

## Und nun zu Dir

Lasse uns nun ans Licht bringen, was geheilt werden soll – gleichgültig ob Deine Erinnerungen wunderschön sind oder gefüllt mit Schmerz, schreibe sie alle auf.

Atme langsam und tief. Nimm einige tiefe Atemzüge und notiere alles, was Dir einfällt, wenn Du Deine Achtsamkeit auf diese Zeit in Deinem Leben richtest. Es ist nicht sehr wahrscheinlich, dass Du mit dieser Arbeit in einer späten Phase der Aufmerksamkeit auf das Kehl-Chakra beginnst, ich habe diese Aufgabe trotzdem hinzugefügt – für alle Fälle!

Die Ereignisse im Alter zwischen sechzehn und einundzwanzig Jahren, an die ich mich erinnern kann, waren:

____________________________________________

____________________________________________

*Es gibt zwei Wege, das Leben zu leben. Der eine verläuft so, als ob es keine Wunder gäbe. Der andere Weg entwickelt sich so, als ob alles und jedes ein Wunder ist.*
*– Albert Einstein –*

Die wichtigsten Menschen in meinem Leben waren (es könnte sich um Familienmitglieder handeln, Lehrer, Freunde, Menschen, die Dich geliebt haben und solche, die Dir Schmerzen zugefügt haben): ____________________

Meine Gefühle über diese Zeit und zu den Menschen aus dieser Zeit sind: ____________________

**Zweite Phase der Aufmerksamkeit**

Was ereignete sich in meinem Leben im Alter von sechsundvierzig bis einundfünfzig Jahren: ____________________

*Sei nicht ängstlich, einen großen Schritt zu tun, wenn es angebracht ist. Eine große Kluft kannst Du nicht mit zwei kleinen Sprüngen überqueren.*
*– David Lloyd George –*

Die wichtigsten Menschen in meinem Leben waren: ____________________

Meine Gefühle über diese Zeit und zu den Menschen aus dieser Zeit sind: ____________________

**Dritte Phase der Aufmerksamkeit**

Was ereignete sich in meinem Leben im Alter von sechsundsiebzig bis einundachtzig Jahren: ____________________

Die wichtigsten Menschen in meinem Leben waren: ____________________

Meine Gefühle über diese Zeit und zu den Menschen aus dieser Zeit sind:

### Was ich dadurch erhalten habe

Zähle nun alle positiven Auswirkungen und Veränderungen in Deinem Leben in der folgenden Liste auf. Zum Beispiel: Ich habe gelernt, für mich selbst einzutreten; ich habe gelernt, Herausforderungen anzunehmen; ich habe mit meiner Selbstheilung begonnen; ich wurde so krank, dass ich Hilfe benötigte.

Wenn Du die positiven Seiten im Moment noch nicht sehen kannst, überspringe einfach diesen Teil und komme darauf zurück, wenn es für Dich mehr Sinn macht. Falls Du so verfahren möchtest, gehe bitte später noch einmal durch beide Meditationen. Dann werden sich Deine Fähigkeiten zur Vergebung und zum inneren Frieden deutlich gesteigert haben. Nachdem Du nun Dein Kehl-Chakra und seine Probleme gegenwärtig hast, wollen wir weitergehen und mit der Heilung beginnen.

## Übungen

Diese Übungen werden Dir helfen, die seelischen und körperlichen Schmerzen der Vergangenheit zu überwinden und in eine ausgeglichene, harmonische Zukunft zu gehen.

### Übung 1

Du benötigst:

- Dieses Buch und Deinen Stift
- Etwas Schreibpapier zusätzlich
- Heute etwa dreißig Minuten und dann jeden Tag etwas Zeit am Morgen und ein wenig am Abend.
- Dein Tagebuch und Deinen Terminkalender

Wenn wir in einer Stimmung anhaltender Dankbarkeit leben, ändert sich unser ganzes Leben. Wir können ab sofort die Gaben und die Freude in allen Dingen sehen. Dankbarkeit muss regelmäßig ausgedrückt werden, sowohl Deinem Partner, Deinen Freunden, Deinen Kollegen als auch Gott gegenüber. Die Wertschätzung der Gaben von Menschen und Freunden oder einfach nur deren Gegenwart in Deinem Leben kann sowohl Dich als auch sie heilen. Innere Danksagung im stillen Gebet ist ein guter Weg, Du kannst jedoch auch Deine Stimme erheben und Deine Dankbarkeit zu jeder Zeit ausdrücken. Auch wenn Du Deine Dankbarkeit in Worte fasst, in Briefen oder in Deinem Tagebuch, die guten Schwingungen werden sich in Dein Leben ausbreiten.

Wofür kannst Du heute dankbar sein? Zähle hier mindestens fünf Dinge auf.

1.

2.

3.

4.

5.

(Auf Deinem Schreibpapier kannst Du fortfahren, wenn Du möchtest. Wenn Du beginnst, dies täglich durchzuführen, wird Deine Liste länger und länger.)

*Ein Tontopf, der in der Sonne steht, wird immer ein Tontopf bleiben. Er muss die hohe Temperatur des Brennofens aushalten, um zu einem Porzellantopf zu werden.*
*– Mildred White-Stouven –*

Wem möchtest Du sagen, dass Du ihm sehr dankbar bist?

Auf welche Art und Weise möchtest Du den Dank ausdrücken? (Du kannst beispielsweise Deiner Mutter einen Brief schreiben, einen Freund anrufen oder ein stilles Gebet in die Welt senden.)

Setze Dir nun einen Zeitrahmen, um alle diese Dinge durchzuführen. Heute könnte ein guter Tag sein! Übertrage sie in Deinen Terminkalender.

Triff schließlich eine Abmachung mit Dir, jeden Morgen und jeden Abend einige Minuten darüber nachzudenken, wofür Du dankbar sein kannst – sei es für den Regen, der die Blumen wässert, die Person, die Dich auf dem Weg nach Hause mit dem Auto geschnitten hat und Dich damit daran erinnert hat, wie Du selbst manchmal fährst; oder dass Menschen einfach wundervoll sind, dass Dich jemand angelächelt hat und Dein Tag damit schön wurde. Jedes einzelne Wort, jede Tat birgt ein Geschenk, für das Du dankbar sein kannst, wenn Du beginnst, es zu suchen. Erfreue Dich daran, der Herausforderung zu begegnen, alles und jedes in eine positive Bedeutung umzuformen. Der Mensch, der mich vielleicht gerade grob angesprochen hat, erinnert mich daran, wie ich manchmal mit Menschen spreche und wie sie sich dann wohl fühlen. Ich möchte mir mehr darüber bewusst werden, es nicht mehr zu tun. Oft sind es die Dinge, die wir gar nicht mögen, die uns die Möglichkeiten bieten, etwas von uns selbst ans Licht zu bringen. Ist das nicht ein großes Geschenk?

## Übung 2

Du benötigst:

- Dieses Buch und einen Stift
- Mindestens eine Stunde ohne Unterbrechung, um Dein Zuhause wertzuschätzen.
- Später etwas Zeit, um Dinge zu verändern.
- Dreißig Minuten für eine Liste, was Du alles dazu benötigst.
- Einen halben Tag, um alles in die Tat umzusetzen.

Obwohl diese Übung für Dein Umfeld ist, denke daran, dass alles ist eine Erweiterung von allem anderen, denn alles, was wir tun, wie wir leben, was um uns herum passiert, hat einen enormen Effekt auf jeden Teil von uns. Wenn Du heute Deine Umgebung mit Klang reinigst und klärst, wird Deine innere Sphäre auch geklärt. Es bringt Dir Heilung, stärkt Deine Kreativität, unterstützt Dein Hörvermögen und verbessert Deine Kommunikationsfähigkeiten, da es Deine Kehle frei macht. Ich schlage vor, Du beginnst mit Deinem unmittelbaren Lebensraum, und wenn Du bereit bist, dann erweitere Deinen Aktionsraum. Wenn Du Dein Haus einmal geklärt hast, könnte es sein, dass Du wunderschöne Klänge für draußen installieren möchtest – Klangspiele; Pflanzen, deren Blätter im Wind rascheln; etwas, das Vögel stimuliert, in Deinen Garten zu kommen, oder Ähnliches.

Denke nur daran, dass andere Deine Umgebung mit Dir teilen und laute Geräusche ihnen nicht gefallen könnten. Vergiss auch nicht Deinen Arbeitsplatz. Gerade hier ist es wichtig, daran zu denken, dass andere Menschen vielleicht einen anderen Geschmack haben als Du – eine gute Gelegenheit, um Kommunikationsfähigkeit und Verhandlungsgeschick zu üben.

Du kannst natürlich auch Deinen eigenen Klang erzeugen, durch Singen, in die Hände klatschen, eine Trommel schlagen oder eine Klangschale rühren. Was Du auch auswählst, Du wirst überrascht sein, wie sich Deine Umgebung verändert durch den Gebrauch von Klängen zur Reinigung der Energie. Dein Zuhause wird sich wundervoll anfühlen.

Zähle hier die Klänge auf, die Du sehr gerne hast. (Beispielsweise die menschliche Stimme, Vogelgesang, Musik, Glocken, Windspiele, den Klang des Windes, Donner, fließendes Wasser, Regen, Klangschalen – das sind alles Klänge, die Du vielleicht liebst.)

___

___

___

*Wir werden die wirkliche Natur unseres speziellen Daseins aufdecken, wenn wir aufhören, sie nach unserem Modell oder dem anderer Menschen umzuformen. Wenn wir lernen, wirklich nur zu sein und unseren natürlichen Kanälen gestatten, sich zu öffnen.*
*– Taos Gawain –*

*Wenn Du im Leben immer auf Sicherheit spielst, hast Du schon entschieden, dass Du nicht wachsen möchtest.*
*– Shirley Hupstedler –*

Wo könntest Du folgende Dinge in Deinen Räumen unterbringen? (Gehe langsam durch Deine Räume und mache gesondert Notizen für jeden Raum.)

___

___

___

Lege nun einen Termin fest, um alles zu besorgen, was Du in Deinen Räumen neu hinzustellen möchtest. Du könntest auch damit beginnen, die Fenster zu öffnen und schöne Musik aufzulegen (nicht zu laut – denke an Deine Nachbarn!) oder durch die Räume gehen und in die Hände klatschen – vergiss nicht die Ecken und die Bereiche hinter Deinen Möbeln. Belebe die Energie und befreie die Räume von Spinnweben.

Schließlich kannst Du herumwandern, in allen Deinen Stühlen an verschiedenen Plätzen sitzen und die Energie genießen, die Du selbst geschaffen hast. Erfreue Dich daran!

## Übung 3

Diese Übung ist in zwei Teile gegliedert. Für den ersten Teil benötigst Du:

- Auf jeden Fall eine Stunde in einem Musikgeschäft
- Dieses Buch und einen Stift

Für Teil zwei wirst Du folgende Dinge benötigen:

- Eine Stunde ohne Unterbrechungen an Deinem sicheren Platz
- Dieses Buch und einen Stift
- Etwas Schreibpapier extra
- Eine Musikanlage

Musik ist das bekannteste Mittel, die bekannteste 'Droge', um unseren Geist und unsere Gefühle zu verändern – und sie ist legal. Welchen Geschmack Du auch hast, in welcher Stimmung Du auch bist, ob Du Dir erdende Trommelmusik für das Wurzel-Chakra aussuchst; weiche, fließende Musik, um dem Element des Wassers nahe zu kommen, für das Sakral-Chakra; ein kraftvolles Musikstück für das Solarplexus-Chakra oder etwas sanfte, liebevolle Musik, um das Herz zu erwärmen – alles wird im Kehl-Chakra empfangen. Heilende Musik – Du kannst Dich darin finden und Dich auch darin verlieren – könnte sehr unterschiedlich sein von der Musik, die Du im Auto hörst oder bei einer Party. Sich zusätzlich zur Musik zu bewegen, ist gut auf vielen Ebenen. Wähle somit auch etwas Musik zum Tanzen aus. Es kann sein, dass Du schon eine Lieblingsmusik hast. Wenn nicht, gehe doch einfach in ein Musikgeschäft, höre ein bisschen in die Musik hinein und suche Dir etwas aus, was Dir einen Raum der Heilung geben kann. Einige meiner Lieblingsstücke sind in meinem Buch „Chakras – Tore zur Seele" aufgelistet.

_______________________________________________

_______________________________________________

_______________________________________________

*Friede ist nicht die Abwesenheit von irgendetwas.*
*Friede ist kreativ, dynamisch und lebendig.*
*Friede erfüllt den Raum des Universums.*
*Friede ist der Tag nach der Liebesnacht.*
*Friede ist aktiv und vital, er nimmt Dich in die Pflicht.*
*Friede ist das Feuer der Sonne, leuchtend und wärmend.*
*Friede ist die Sonnenblume, die Du im Garten Deines Lebens anpflanzt.*
*Friede folgt Dir in Deine Träume, zu Deinem Wohl und für das Wohl der ganzen Welt.*
*– Andrew Rame –*

Stelle hier Deine Lieblingsstücke zusammen. Versuche, mindestens für jedes Chakra ein Musikstück aufzuschreiben.

_______________________________________________

_______________________________________________

_______________________________________________

Nimm Dir nun etwas Zeit für Dich, lege den Telefonhörer beiseite und ruhe bequem an Deinem sicheren Platz. Die Musikanlage sollte in Deiner Nähe sein, bestückt mit Deiner Lieblingsmusik, die Du vorbereitet hast. Es sollte alles so platziert sein, dass Du Dich nicht viel bewegen musst. Bei dieser Übung kannst Du sitzen oder stehen. Praktiziere, was Dir lieber ist. Schließe Deine Augen und atme einige Male langsam, tief durch. Stelle Dir eine wunderschöne, himmelblaue Blume an Deinem Kehl-Chakra vor, die gerade ihre Blütenblätter öffnet. Stelle Deine Musikanlage an und lasse Dich von der Musik tragen, wohin sie Dich führen kann. Du musst nicht genau zuhören, wenn Du nicht möchtest. Entspanne Dich einfach. Überlasse Dich ganz der Musik. Lasse sie durch Dich hindurchgleiten, während sie durch Dein geöffnetes Kehl-Chakra eintritt. Sei ein Teil der Musik, fühle die Kraft.

Warte, bis die Musik zu Ende ist, bevor Du Dich bewegst. Notiere nun Deine Gedanken auf der nächsten Seite und benutze Extrapapier, wenn es notwendig wird. Kümmere Dich nicht um Grammatik oder Rechtschreibung oder ob es überhaupt einen Sinn macht, was Du da schreibst. Lasse einfach Deine Hand über das Blatt fliegen und aufschreiben, was immer Du zu sagen hast. Versuche nicht nachzudenken, sondern lasse es fließen und auf der Seite in Buchstaben erscheinen. Wenn es sich anfühlt, als ob es vollständig ist, dann lehne Dich zurück und verbringe einige Minuten in der Ruhe – sitzend oder liegend. Gestatte Dir, innerlich heil zu werden. Versichere Dich, dass Du eine gute Erdverbundenheit hast, bevor Du zu Deinen täglichen Aufgaben zurückkehrst.

*... und es kam der Tag, an dem das Risiko, fest verschlossen in der Knospe zu bleiben, größer war als das Risiko zu erblühen.*
*– Anais Nin –*

## Übung 4

Du benötigst:

- Fünfundvierzig Minuten Zeit ohne Unterbrechung
- Deinen heiligen Platz oder einen anderen Platz, an dem Du Dich sicher fühlst, um Töne schwingen zu lassen.

Diese Übung soll Dir Mut machen, Deine eigene Stimme als Werkzeug der Heilung zu benutzen. Damit kannst Du Dein Kehl-Chakra klären und heilen. Dies wird jedem Aspekt Deines Lebens von Nutzen sein und somit auch dem ganzen Universum, da die Schwingungen, die Du aussendest, immer weiter gehen und jeden und alles berühren.

„Chanten" wird dieses sich wiederholende Singen oder Sagen von Worten genannt, das einem heiligen Ritual gleicht. Es erhöht Deine Gewahrsamkeit und unterstützt die Konzentration in der Meditation. Es gibt sehr alte Kirchengesänge, Anrufungen und Bittgebete, die Du erarbeiten kannst. Es ist jedoch auch möglich, eigene Worte, eigene Klänge zu nutzen. Den eigenen Namen zu chanten ist sehr kraftvoll. Beginne sehr leise und ändere dann ganz allmählich Deine Tonlage, die Kraft und die Lautstärke Deiner Stimme. Beachte die Veränderungen. Oft wird während dieser einfachen Übung eine Flut von Selbstliebe und Selbstachtung frei.

Das Wort „OM" ist kraftvoll als Mantra, beim Chanten oder um den eigenen inneren Klang anzustimmen.

Schließe nun Deine Augen und richte Deine Aufmerksamkeit für einen kurzen Moment auf ein Chakra. Dann fülle Deine Lungen mit Sauerstoff und gestatte Deiner Kehle, sich zu öffnen. Lasse einfach einen Ton, einen Klang, der sich richtig anfühlt, durch Deine Kehle tönen. Mache Dir keine Gedanken, wie es sich anhören könnte. Lasse mehrmals hintereinander den gleichen Ton erklingen, bis Deine Kehle anfängt, sich zu klären. Fange an, spielerisch die Qualität der Töne oder die Tonlage Deiner Stimme zu verändern. Du kannst sanft und lieblich beginnen und dann stark und kraftvoll fortfahren. Achte darauf, wie sich die Energie in Deinem Körper und in Deinem Umfeld verändert, während sich die Klangwellen, die Du bildest, ausbreiten. Fühle die Schwingungen in Deinen Zellen und Muskeln und vor allem in Deinen Organen.

Wähle nun ein anderes Chakra aus und wiederhole das Ganze. Instinktiv wird der Klang hier ein anderer sein. Erfreue Dich daran, dieses Chakra „erklingen" zu lassen und beobachte die veränderten Schwingungen in Deinem Körper und um Dich herum.

Wende Dich jedem Chakra zu und lasse jedes einzeln erklingen.

Ziehe nun die gesamte Energie Deiner Chakras in Dein Kehl-Chakra hinein. Mit der gebündelten Kraft öffne Deine Kehle und lasse den Klang Deiner Seele erschallen. Lasse ihn voller Süße und Sanftheit erklingen und dann mit Deiner vollen Kraft. Beachte wieder alle körperlichen Empfindungen.

Nimm erneut einen tiefen Atemzug und erzeuge den Klang Deiner Seele noch einmal. Achte darauf, wie sich die Kraft in dem Maße erhöht, wie die Klärung Deiner Kehle fortschreitet. Heilende Schwingungen berühren jede Zelle und strömen durch Deine Aura hinaus in das Universum. Sorge dafür, vom Universum gehört zu werden. Sende mit diesem einfachen Ton Deine Wahrheit und Dein ganzes Wesen in die Welt hinaus.

## Meditationen

### Meditation 1

Du benötigst:

- Dieses Buch und Deinen Stift
- Fünfundvierzig Minuten Zeit ohne Unterbrechung an Deinem sicheren Platz

❧ ❧ ❧

Mache es Dir wie immer bequem, achte auf Deine Atmung und lasse alles Negative los. Wenn Du entspannt bist, kehre mit Deiner Aufmerksamkeit zurück in Dein Leben im Alter von sechzehn bis einundzwanzig Jahren. Sende von Deinem Herzen Liebe und Licht aus und umhülle Dein Wesen aus dieser Zeit. Halte Dich und beschütze Dich zärtlich und sanft. Halte Dich sicher und voller Liebe, genau so, wie es damals nötig gewesen wäre.

*Kommunikation ist die Antwort, die Du bekommst … Wenn Du nicht die Reaktion bekommen hast, die Du haben wolltest, hast Du nicht richtig kommuniziert.*
*– Aus „One Minute Millionaire" Mark V. Hansen –*

Die einzelnen Begebenheiten, die damals geschehen sind, hast Du schon aufgedeckt. So kannst Du nun die Menschen aus dieser Zeit und die Geschehnisse zusammenbringen, damit der Weg bereitet ist, um geheilt zu werden. Sende Licht und Vergebung aus. Wenn es Dir möglich ist, kläre und heile diese vergangene Zeit.

Erhebe Dich jetzt zu einer höheren spirituellen Ebene. Vielleicht kannst Du erkennen, dass alle Menschen – Du selbst eingeschlossen – hinsichtlich dessen, was sie getan haben, an ihren eigenen Prozess gebunden waren, an den Platz ihres Entwicklungsprozesses in jener Zeit. Sie waren mitten in ihren eigenen Verletzungen gefangen, in ihren eigenen Schmerzen. Wenn es Dir möglich ist zu verstehen, sende ihnen Mitgefühl und Vergebung. Befreie Dich davon und lasse sie gehen, ein für alle Mal.

Wenn es Dir machbar erscheint, tritt dann in das dritte Stadium der Vergebung ein und erhebe Deinen Geist auf diese noch höhere spirituelle Ebene und betrachte wieder die genannte Zeit in der Vergangenheit. Vielleicht kannst Du erkennen, dass die Menschen, die Dein Leben damals mit Dir geteilt haben, Dir Lehren gebracht haben, die wichtig für Dein inneres Wachstum waren. Sie haben Dich dabei unterstützt, Deinen Weg in die Vollkommenheit weiter zu gehen, so wie Du gleichzeitig ihnen auf ihrem Weg geholfen hast. Sende ihnen und Dir voller Liebe Vergebung, Mitgefühl und Dankbarkeit und gib Dich selbst frei. Lasse sie gehen und lasse die Vergangenheit, angefüllt mit Heilungskraft, zurück.

Wenn Du bereit bist, zeige Deinen tief empfundenen Dank und gestatte Deinem jüngeren Selbst, wieder in Deiner Gesamtheit integriert zu sein, voller Friede und in Vollkommenheit.

Verweile, so lange Du möchtest, und wenn Du bereit bist, komme langsam zurück in das Bewusstsein Deiner physischen, körperlichen Erscheinung. Fühle Deine Finger, Deine Zehen und bewege sie leicht. Dehne Dich sachte. Wenn Du vollkommen präsent bist, komme zurück an den Platz hinter Deinen geschlossenen Augen, nimm einen tiefen Atemzug und fülle Deine Lungen mit Sauerstoff. Sende Dankbarkeit an den höchstmöglichsten Platz und öffne Deine Augen, wenn Du bereit bist.

*Es soll mein wahres Ich sein, das zu Dir spricht. Es soll Dein wahres Ich sein, zu dem ich spreche.*
*– C.S. Lewis –*

Trinke ein Glas Wasser und schreibe auf, was Du möchtest.

## Meditation 2

Du benötigst:

- Dieses Buch und einen Stift
- Fünfundvierzig Minuten Zeit ohne Unterbrechung

Nutze die übliche Methode für Deine Entspannung und lasse alles Negative los.

Lenke nun ganz sanft Deine Aufmerksamkeit hinunter zu Deinem Kehl-Chakra. Stelle Dir diesen Bereich mit geschlossenen Augen lebhaft vor. Dieser Raum ist nun gefüllt mit blauem, mit türkis-blauem Licht.

Erschaue, wie sich dieses Licht ausbreitet und hinaus scheint, weit in alle Richtungen. Es sendet Licht in die Welt, bietet Liebe und Dialog an, für alle Seelen dieser Welt gleichermaßen. Wie ein Suchscheinwerfer erleuchtet und klärt es den Pfad der Kommunikation.

Sende nun liebevolle Botschaften in die Welt hinaus, entlang dieses wundervollen Weges des Lichtes. Richte Deine Gedanken liebevoll auf die wichtigen Menschen in Deinem Leben. Sei davon überzeugt, dass dieses wundervolle, heilende Licht und Deine guten Absichten in diesem Moment der Klarheit von Deinem Nächsten empfangen werden.

Sende Deine Botschaften voller Klarheit und mit Liebe in die Welt, in das ganze Universum hinaus.

Erweitere Deine Perspektive über Deine Grenzen hinaus, weiter über die Grenzen unseres Planeten, hinter den Horizont von Zeit und Raum, um Deine Liebe zu teilen, um die Heilung zu teilen, um die Kommunikation zwischen den Menschen zu verbessern, um überall das Gute zu fördern – für alle Menschen dieser Welt. Lasse diese kraftvolle Botschaft der Liebe und Dankbarkeit, verbunden mit dem Wunsch nach Austausch und Kommunikation, Deinen Weg der Wahrheit klären.

Gestatte nun jeder Information, die für Dein höheres Wohl bestimmt ist, über diesen wunderschönen blauen Lichtpfad in Dein Kehl-Chakra einzutreten. Es sind Weisheiten, die von Deiner Berufung erzählen, von Deinem Weg in der Zukunft, von Deiner höchsten Wahrheit. Lasse diese Informationen einfach einfließen. Vertraue darauf, dass alles, was Du empfängst, absolut rein ist und Deinem höchsten Wohl dient – entspanne Dich und empfange. Du musst weder nachdenken noch es möglich machen, denn es geschieht einfach.

*Das Wichtigste ist, dass es uns möglich wird, in einem Moment das zu opfern, was wir sind, um das zu werden, was wir werden können.*
*– Charles de Bois –*

Schalte nun Deine Musikanlage ein oder nimm Dein Buch und Deinen Stift. Schreibe alles auf, öffne Deine Kehle und sprich Deine Botschaft aus – ohne Scheu. Lasse es fließen ohne Unterbrechung. Du kannst jetzt die Weisheit, die Du gerade empfängst, für immer festhalten.

Führe diese Zeilen so lange fort, bis Du fühlst, dass der Prozess abgeschlossen ist. Schließe dann Deine Augen und entspanne. Öffne nun alle Deine Chakras mit einem einzigen Gedanken. Hole Dir konzentriert die Stabilität und die Sicherheit des Wurzel-Chakras, die Flexibilität und das Gleichgewicht des Sakral-Chakras, die Kraft und das Potenzial vom Solarplexus-Chakra und die Liebe und das Mitgefühl Deines Herz-Chakras.

Füge nun den Weitblick und das Verständnis des Stirn-Chakras und die Verbindung zum Göttlichen, die Fähigkeit Deines Kronen-Chakras, hinzu und ermögliche die Zusammenführung mit der Wahrheit und der Ganzheit Deines Kehl-Chakras.

Öffne Deine Kehle, öffne Deinen Mund und lasse Deine ganze innere Kraft in einem einzigen Ton herauskommen. Lasse ihn mit einem Atemzug hinausströmen. Halte den Ton, so lange Du kannst, dann nimm noch einen tiefen Atemzug und lasse erneut die Stimme Deiner Seele erklingen. Lasse die Schwingungen den weitesten Winkel des Universums erreichen; und werde Dir darüber bewusst, dass dieser Klang, der in die Welt hinaus zieht, alles verändert. Lasse die Liebe, die Du mit dem Klang der Seele sendest, jeden berühren, die ganze Welt bewegen.

So lange Du möchtest, kannst Du diese wundervollen, heilenden Schwingungen mit der Welt teilen. Nach und nach, während der Klang langsam endet, wird das heilende Echo gewiss für immer zurückstrahlen.

Wenn Du irgendwelche Fragen an das Universum hast, vielleicht zu Deiner Berufung oder Deiner Mission im Leben, ist es eine gute Gelegenheit, diese Fragen jetzt zu stellen. Verweile still in Deinem Raum und erlaube der Stimme des Universums, voller Weisheit und Liebe zu Dir zu sprechen. Nimm diese Botschaft mit jedem Teil von Dir auf.

Verweile so lange Du möchtest und danke, bevor Du langsam, ganz langsam mit Deiner Rückkehr beginnst. Dann, mit einem einzigen Gedanken, schließe alle Deine Chakras so weit, wie es sich sicher und bequem anfühlt.

Atme langsam und tief ein und werde Dir wieder Deines physischen Körpers bewusst. Spüre Deine Finger und Deine Zehen und bewege sie sanft und leise. Dehne Dich etwas, und wenn Du Dich ganz in der Gegenwart und in Deiner Erdverbundenheit fühlst, öffne langsam Deine Augen und kehre in den Raum zurück.

❧❧❧

Trinke ein Glas Wasser und schreibe hier alles auf, was Du möchtest.

## Affirmationen

*Voller Liebe und Klarheit öffne ich mich, um mit der Welt meine Wahrheit und mein ganzes Wesen zu teilen.*

*Ich kläre meine Stimme, damit ich mit der Welt in eine offene und ehrliche Kommunikation treten kann.*

*Mit Leichtigkeit, Freude am Spiel, Humor und Witz erhöhe ich meine Schwingung, mein Strahlen in der Welt.*

*Ich bin bereit, den Pfad meiner Berufung zu gehen und heiße alle willkommen, die mir helfen wollen, meine Vorstellungen der Wahrheit zu gestalten.*

Gestalte hier Deine eigenen Affirmationen

Notizen

*Er ist eins mit der Natur; Seine Stimme erklingt in jedem Ton; vom Rollen des Donners bis zum süßen Gesang des Nachtvogels.*
*– Adonis, Schelling, 1775-*

*Wenn ein Mensch voll Mitgefühl und Selbstlosigkeit ist, wird er bald Freunde haben, wo immer er auch hingeht.*
*– XIV. Dalai Lama –*

# VI. Kapitel • Das Stirn-Chakra

*Unsere tiefste Furcht ist nicht, dass wir unzulänglich sind. Unsere tiefste Furcht ist, dass wir voll gewaltiger Kraft sind, jenseits jeder Messbarkeit. Es ist das Licht in uns, nicht die Finsternis, die uns fürchten lehrt.*
*Wir fragen uns, bin ich überhaupt talentiert, geistreich, umwerfend und bedeutend? Tatsächlich ist die Frage: „Was bist Du eigentlich nicht?"*
*Du bist ein Kind Gottes. Wenn Du Dich selbst klein machst, ist dies kein Nutzen für die Welt.*
*Es gibt nichts Leuchtendes um Dich herum, wenn Du schrumpfst und Dich klein machst, damit andere Menschen in Deiner Gegenwart keine Unsicherheit empfinden.*
*Wir sind dazu geboren, die Herrlichkeit Gottes zu verkünden, der in uns lebt. Er ist nicht nur in einigen von uns, er lebt in jedem einzelnen Menschen!*
*Und wenn wir unser Licht scheinen lassen, erteilen wir unbewusst anderen Menschen die Berechtigung, das Gleiche zu tun.*
*Wenn wir uns frei machen von unseren Ängsten, wird unsere Anwesenheit automatisch andere befreien.*
*– Nelson Mandela –*
*Antrittsrede 1994*

Dies ist das Chakra der Führung, der Steuerung des eigenen Lebens, unserer immerwährenden Lernprozesse und unserer Träume. Es ist das Chakra der Visualisierung, der Sichtbarmachung, was wir eigentlich begehren und was wir – mit Weisheit, Inspiration, geistig-sinnlichem Wahrnehmungsvermögen und Verständnis – für unser höchstes Wohl sichtbar machen können.

Was Du erreichen kannst, mit der Arbeit an Deinem Stirn-Chakra:

- Eine Verbesserung Deiner Intuition, um sie als ständig vorhandenes, erstaunliches Werkzeug nutzen zu können.

- Verständnis und Weisheit kommen hier zu den anderen Gaben der Chakras für Dich hinzu.
- Die Fähigkeit, eigene Wünsche zu visualisieren und dann zu manifestieren.
- Eine sehr klare Vorstellung zur persönlichen Aufgabe in der Welt.
- Gesteigerte Gesundheit in den Bereichen Hals-Nasen-Ohren und Kehlkopf.
- Mehr Einblick und Erkenntnis sowie die Möglichkeit, Hellsichtigkeit zu entwickeln.

Du kannst nun folgende Fragen durchgehen und dann einschätzen, wie viel Arbeit hier auf Dich wartet.

| | **Fragenkatalog zur Selbsteinschätzung** |
|---|---|
| ☐ | 1. Fällt es Dir schwer, eigene Ideen zu verwirklichen und Dein Leben zu planen? |
| ☐ | 2. Verspottest Du den Glauben anderer Menschen, speziell in den Bereichen Religion und Spiritualität? |
| ☐ | 3. Suchst Du Dir Menschen, die Du für die verschiedensten Gegebenheiten in Deinem Leben beschuldigen kannst? |
| ☐ | 4. Hast Du Schwierigkeiten bei der Nutzung Deines Wahrnehmungsvermögens? |
| ☐ | 5. Wirst Du von Alpträumen heimgesucht? |
| ☐ | 6. Hast Du Schlafstörungen? |
| ☐ | 8. Leidest Du öfters an Bindehautentzündung oder Augenschmerzen? |
| ☐ | 9. Sind die Menschen um Dich herum enttäuscht, weil Du Deine Versprechen häufig nicht halten kannst? |
| ☐ | 10. Gibst Du Zusagen, die Du nicht einhältst? |
| ☐ | 11. Leidest Du an Migräne? |
| ☐ | 12. Hast Du Probleme, eine höhere Kraft als Deine eigene anzuerkennen und Schwierigkeiten, Dich mit ihr zu verbinden? |

| | |
|---|---|
| ☐ | 13. Gab es Sorgen und schwere Zeiten im Alter zwischen einundzwanzig und sechsundzwanzig Jahren? |
| ☐ | 14. Hast Du es schwer mit Deinem Vorstellungsvermögen? Verarbeitest Du daher alles zuerst mit dem Intellekt, um es dann im zweiten Schritt fühlen zu können? |
| ☐ | 15. Sind Intuition, Gespür, Ahnung oder Eingebung etwas, das Du lächerlich machst oder siehst Du es als eine spezielle Gabe von Menschen, die Du jedoch nicht hast? |

Wenn Du die meisten Fragen mit „ja" beantwortet hast, kann es gut sein, dass Du Probleme mit Deinem Stirn-Chakra hast.

| Die Grundlagen des Stirn-Chakras: |
|---|
| **Lage:** Das Stirn-Chakra befindet sich etwas über Deinen Augen, vorne, in der Mitte Deiner Stirn, und auf der gleichen Höhe auch hinten. |
| **Farbe:** Tiefes Indigoblau oder Violett |
| **Aktivierung und Entwicklung:** Normalerweise beginnt dieses Chakra im Alter zwischen einundzwanzig und sechsundzwanzig Jahren mit seiner Entwicklung, doch bei vielen Menschen entfaltet es sich spontan in Zeiten der zweiten oder dritten Phase der speziellen Aufmerksamkeit (mit einundfünfzig bis sechsundfünfzig Jahren oder im Alter von einundachtzig bis sechsundachtzig Jahren). Bei manchen Menschen bildet es sich in diesem Leben überhaupt nicht aus. Manchmal kann eine frühzeitige Entwicklung bei jüngeren Menschen beobachtet werden, die übersinnliche Kräfte haben. |
| **Spezielle Beziehungen:** Das Stirn-Chakra hat eine spezielle Beziehung zum Solarplexus-Chakra, denn es greift die rohen Bauchgefühle hier auf und verfeinert sie zur präzisen Intuition. |
| **Verbindung mit einem Sinn:** Das Sehen im physischen wie auch im übertragenen Sinn. |
| **Zugeordnete Körperdrüse:** Die Epiphyse und der Melatonin-Stoffwechsel. Dem Hormon Melatonin werden verschiedene Funktionen zugeschrieben, wie die Regulation von Biorhythmus, die biologische Uhr und die Schlafphasen, die Unterstützung der Libido und die Verlangsamung von Alterungsvorgängen im Körper. |
| **Neurologische Anbindung:** Das Nervengeflecht im Bereich der Halsschlagader (Plexus carotis) bildet die nervale Versorgung von Kopf, Hals und Ohren. |

| |
|---|
| **Verbindung zum Aura-Körper:** Der himmlische Aura-Körper erscheint als pastellfarbene Lichtstrahlen, die sich etwa ein bis anderthalb Meter vom Körper ausdehnen. |
| **Vision, Einsicht und Wahrnehmungsvermögen:** Das Stirn-Chakra umfasst sowohl die anatomischen und physiologischen Vorgänge des Sehens mit den Augen als auch unsere innere Sicht und Einsicht auf die Dinge, die uns betreffen. Je mehr sich die sinnliche Wahrnehmungskraft klärt, umso leichter wird es, Visionen für uns selbst und gewiss auch für die ganze Weltgemeinschaft aufzubauen. |

| Die Aufgaben des Stirn-Chakras: |
|---|
| **Inspiration und Hingabe:** Bei unserem Aufstieg durch die Chakras werden wir uns der Verbindung mit dem Göttlichen immer mehr bewusst. Unsere Hingabe vertieft sich, und eine anhaltende Inspiration wird zur Selbstverständlichkeit. Eine neue Art von Ehrfurcht durchzieht Gebet und Meditation. Wir können die liebevolle Führung durch die unsichtbaren Kräfte des Universums erkennen, und unser ganzes Leben verändert sich. Es kann sein, dass wir von einer Woge voll Ideen, Energie, Weisheit und innerem Wissen überflutet werden oder still verharren in Liebe und Frieden. |
| **Intuition:** Hier werden die rohen Bauchgefühle vom Solarplexus-Chakra verfeinert und zur Perfektion veredelt, damit wir die Führung übernehmen können für die wundervolle Gabe der Intuition. Von nun an können wir mit eigener Kraft und Absicht in den Ozean der universellen Wahrheit eintauchen und jene Zeichen, die das Universum uns sendet, die früher unbemerkt geblieben sind, interpretieren und einordnen. |
| **Paranormale Fähigkeiten:** Diese Kräfte sind ganz einfach eine Fortentwicklung der Intuition, eine Gabe, mit der wir alle beschenkt sind. Die Lösung für alle Probleme und Fragen ist für uns erreichbar; und mit etwas Mut und ein wenig Übung können wir die paranormalen Gaben nutzen und in eine universelle Wahrheit eintreten, ein Wissen, das uns zuvor verborgen war. Wenn wir hier angekommen sind, ist es hoffentlich auch möglich, diese Gabe mit ethischen Regeln anzuwenden, damit wir die Privatsphäre anderer mit Ehrfurcht und Respekt behandeln. |
| **Weisheit:** Gesegnet mit der Weisheit aus allen vorherigen Schätzen und Erfahrungen, haben wir nun Zugang zu einem inneren, klaren Wissen, das ohne Lehre, ohne Theorie und ohne Intellektualismus auskommt. |
| **Hellsehen:** Diese spirituelle Gabe – zu sehen jenseits der physischen Ebene – gestattet uns, hinter die Horizonte von Zeit und Raum zu schauen. Bis zu einem gewissen Grad kann jeder diese Gabe erlernen, wenn er Zeit und den Willen, daran zu arbeiten, mitbringt. |

**Licht und Farbe:** Von nun an empfinden wir Licht und Farben als heilende Energien, die wir nutzen können, um Heilung zu geben und unser tägliches Leben zu verbessern.

**Magie, Wunder und Offenbarung:** Während wir unser Stirn-Chakra entwickeln oder heilen, entwerfen wir wundervolle, kraftvolle Vorstellungen und Pläne für die Welt, um sie schließlich als unsere Realität zu manifestieren. Je mehr wir unsere Fähigkeit verbessern, umso eher können wir – mit nur einem Gedanken – offenbaren, was unserem höheren Wohl und dem höchsten Wohl aller dient.

**Heilung:** Obwohl die Fähigkeit, heilende Energie zu bündeln und durchzuleiten, ein gesundes Herz-Chakra und ein wohlbehaltenes Kronen-Chakra erfordert, hängt die Möglichkeit, diese Gabe vielfältig zu nutzen, von einem gesunden Stirn-Chakra ab. Der Energiefluss folgt der Absicht. So können wir nun mit einem einzigen Gedanken kraftvolle Heilung in die weiteste Ecke unseres Planeten entsenden, zum höchsten Wohl aller.

**Botschaften von Geist und Seele:** Hier handelt es sich um eine Weiterentwicklung von Telepathie, um aktiv liebende und heilende Gedanken durch Zeit und Raum zu schicken, und um Schwingungen zu entsenden, die schließlich den Empfänger auch erreichen. Er wird plötzlich an uns denken und wahrscheinlich die Botschaft mit einem liebevollen Lächeln zurücksenden. Jeder, der über ein gesundes Stirn-Chakra verfügt, würde nie auf den Gedanken kommen, negative Botschaften zu entsenden.

**Körperliche Aspekte:** Das Stirn-Chakra verwaltet die Augen und alle anatomischen Strukturen, die unseren Augen, den Kopf und teilweise Hals und Ohren unterstützen, wobei für letztere auch das Kehl-Chakra zuständig ist.

### Und wenn etwas schief läuft …

Das Stirn-Chakra kann in Teilbereichen gut funktionieren, auch wenn es unterentwickelt oder blockiert ist. Wenn wir jedoch Weisheit zu unserer Intelligenz hinzufügen und unsere Selbstwahrnehmung verbessern können, erweitert sich die Möglichkeit, die rationelle, vernunft-gesteuerte Gedankenwelt zu verändern und fortzuentwickeln. Denke daran, es ist normal, wenn die Entwicklung in einem späteren Lebensabschnitt beginnt.

**Die Unfähigkeit, einen Prozess bis zum Ende mit kreativen Ideen durchzuführen:** Wenngleich Kreativität ein Gut von Sakral- und Stirn-Chakra zusammen ist, verursacht ein blockiertes oder unterentwickeltes Stirn-Chakra doch die Schwierigkeit, dass wir unsere guten Ideen nie bis zum Ende durchführen können. Wir sammeln nach und nach um uns herum Ideen, die nie verwirklicht wurden; Versprechungen, die wir nicht einhalten konnten; Absprachen, die wir nicht erfüllt haben und viele frustrierte Menschen.

| |
|---|
| **Beschuldigen anderer für eigene Unzulänglichkeiten:** Hier geht es um die Unfähigkeit, mit Klarheit zu sehen, dass wir die Misere, in der wir uns befinden, selbst gestaltet haben. Wir richten unsere eigene Frustration auf andere und beschuldigen sie für den Umstand, dass unser Leben angefüllt ist mit unreifen, nicht verwirklichten Plänen und Ideen. |
| **Verkümmertes Vorstellungsvermögen, eingeschränkter Weitblick:** Es kann durchaus sein, dass wir in einer kontrollierten, gut überschaubaren Umgebung ein ausgewogenes Leben zu führen scheinen, selten jedoch wird es möglich sein, größere Visionen selbst zu entwickeln. Es kommt durchaus vor, dass die Visionen anderer kopiert und als eigene Ideen weitergegeben werden. |
| **Hohn und Spott:** Da die himmlische Freude sich uns ständig entzieht und das Tor zum Mysterium verschlossen ist, neigen wir dazu, alles auf die materielle Ebene zu beziehen. Wir verlangen Beweise und betrachten die Menschen mit Hohn und Spott, die sich dem Wunder der Spiritualität öffnen können. Wir bezeichnen ihre Erfahrungen als Wahnideen und als Realitätsflucht in eine Welt der Phantasie. |
| **Andere bloßstellen:** Hohn und Spott, Unsensibilität und erklärter Unglaube führt dazu, andere zu missachten und auf ihren Gefühlen herumzutrampeln, nur weil sie die Dinge anders empfinden oder sehen als man selbst. Manchmal sieht es so aus, als würde man sich regelrecht verbiegen bei dem Versuch, zu beweisen, dass die eigene negative Weltsicht richtig ist. |
| **Körperliche Symptomatik:** In diesem Chakra, im Gegensatz zu allen anderen, scheinen sich körperliche Symptome bei Problemen kaum zu manifestieren; nur manchmal geben anhaltende Alpträume oder epileptische Anfälle einen Hinweis. Das Sehvermögen kann beeinträchtigt sein, dann spüren wir rasche Augenermüdung oder haben eine Bindehautentzündung. Kopfschmerzen und Migräne-Attacken können auftreten sowie eine Beeinträchtigung des Erinnerungsvermögens. Da die Melatonin-Ausschüttung der Epiphyse unsere Schlafgewohnheiten beeinflusst, können Schlafstörungen ein weiterer Hinweis sein. |

## Aroma-Öle und Heilsteine für das Stirn-Chakra

Aroma-Öle mit Veilchen, Rose oder Geranie sind für dieses Chakra gut geeignet. Wichtige Heilsteine sind der Lapislazuli, Amethyst, Sodalith und Sugilith. Lapislazuli wird als Therapie bei Grauem Star in der Literatur aus dem 16. Jahrhundert erwähnt. Diesem Heilstein wird nachgesagt, dass er natürliche antidepressive Eigenschaften besitzt, das Bewusstsein erweitert, die Selbstwertschätzung erhöht und dafür sorgt, dass Kreativität und Selbstausdruck eine Manifestation finden. Er unterstützt auch die Gabe der Hellsichtigkeit. Amethyst fördert die Erweiterung des spirituellen Gewahrseins und eröffnet während der Meditation den Zugang zu

Ebenen, die vorher noch nicht erreicht wurden. Die Klärung unserer Visionen und unserer inneren Weisheit, der Schutz vor Negativität und der Ausdruck unserer Vorstellungen von Gerechtigkeit, Angemessenheit, Güte und Frieden sind weitere Geschenke des Amethyst. Auch der Sodalith erhöht unsere spirituelle Achtsamkeit, hält uns in gesunder Distanz und in unserer Objektivität und leitet uns auf dem Weg der inneren Wahrheit und der Verwirklichung unserer Vorstellungen und Ideen. Sugilith (Luvulith) verstärkt den Ausdruck unserer Ansichten auch gegen Widerstände und schenkt die Möglichkeit, einvernehmliche Lösungen in Konfliktsituationen zu finden.

## Und nun zu Dir

Wir wollen nun unseren Blick auf die Zeiten in Deinem Leben richten, während derer sich das Stirn-Chakra entwickelt hat, um das, was geheilt werden soll, ans Licht zu bringen.

*Wir beleben und erhalten in uns eine innere Welt, die genauso aktiv und kompliziert ist wie die Welt, in der wir leben.*
*– Jonathan Miller –*

Atme tief und langsam durch. Nimm mehrere tiefe Atemzüge und notiere alles, was Dir aus dieser Zeit in Deinem Leben durch den Kopf geht. Mache Dir keine Gedanken über die späteren Ereignisse, wenn Du dort noch nicht angelangt bist.

Meine Erinnerungen an die Zeit im Alter von einundzwanzig bis sechsundzwanzig Jahren:

---

---

---

Die wichtigen Menschen in meinem Leben waren (es könnte sich um Familienmitglieder handeln, um Lehrer, Freunde oder Menschen, die Dich geliebt haben und solche, die Dir Schmerzen zugefügt haben):

---

---

---

Meine Gefühle über diese Zeit und zu den Menschen aus dieser Zeit sind:

---

---

---

## Zweite Phase der Aufmerksamkeit

Was ereignete sich in meinem Leben im Alter von einundfünfzig bis sechsundfünfzig Jahren:

*Weisheit und Lebenserfahrung fällt uns nicht einfach zu; jeder hat seinen eigenen Weg auf der Suche nach innerer Weisheit. Niemand kann diese Reise für uns übernehmen und niemand kann sie uns ersparen.*
*– Marcel Proust –*

Die wichtigsten Menschen in meinem Leben waren:

Meine Gefühle über diese Zeit und zu den Menschen aus dieser Zeit sind:

## Dritte Phase der Aufmerksamkeit

Was ereignete sich in meinem Leben im Alter von einundachtzig bis sechsundachtzig Jahren:

*Das Zentrum der Vorstellungskraft verhält sich wie die Drehbewegung in einem Kreis. Wenn Deine Visionen auf lineare Prozesse beschränkt sind, könnte es sein, dass Du verborgene Hinweise auf Dein Schicksal verpasst aufgrund der Tatsache, dass Aktivitäten außerhalb dieses Konstrukts weder erkannt noch integriert werden.*
*– John O'Donohue*

Die wichtigsten Menschen in meinem Leben waren:

Meine Gefühle über diese Zeit und zu den Menschen aus dieser Zeit sind:

## Was ich dadurch erhalten habe

Zähle nun alle positiven Auswirkungen und Veränderungen in Deinem Leben in der folgenden Liste auf. Beispielsweise: Ich begann nachzufragen, was ich hörte oder gesehen habe; ich habe meine Intuition weiterentwickelt; ich kam auf den Weg der Selbstheilung; ich wurde krank und musste mir Hilfe suchen. Wenn Du die positiven

Seiten im Moment noch nicht sehen kannst, überspringe einfach diesen Teil und komme darauf zurück, wenn es für Dich mehr Sinn macht. Falls Du so verfahren möchtest, gehe bitte später noch einmal durch beide Meditationen. Dann werden sich Deine Fähigkeiten zur Vergebung und zum inneren Frieden deutlich gesteigert haben.

Lasse uns nun wieder die Heilung und Weiterentwicklung Deines Stirn-Chakras betrachten.

## Übungen

Die folgenden Übungen werden Dich dabei unterstützen, emotionale und physische Schwierigkeiten, die mit dem Stirn-Chakra verbunden sind, zu überwinden und die Entwicklung zu fördern.

### Übung 1

Du benötigst:

- Einen Heilstein, der zu dem Chakra gehört, vorzugsweise ein kleiner Stein, der angemessen gereinigt ist.
- Fünfundvierzig Minuten Zeit ohne Unterbrechung
- Ein oder zwei Kissen und vielleicht eine Decke

Diese Übung öffnet das Stirn-Chakra und vertieft die Intuition. Suche Deinen sicheren Platz auf und lege Dich bequem auf den Rücken. Lege ein Kissen unter Deine Knie, um Deinen Rücken zu schützen und hülle Dich in eine Decke ein. Wenn Du möchtest, mache es Dir ganz behaglich. Lege den Heilstein in Deine linke Hand, schließe diese Hand und Deine Augen. Führe nun weißes Licht durch den höchsten Punkt Deines Kopfes in Deinen Körper und atme dieses Licht in jeden Teil Deines Wesens – klärend, heilend und ausgleichend, bis sich ein Gefühl von Harmonie in Dir ausbreitet. Nimm nun wieder einen tiefen Atemzug und leite dieses Mal das Licht durch Deinen Arm in den Kristall in Deiner Hand und kläre den Heilstein. Anschließend platziere ihn zwischen Deinen Augenbrauen, etwas höher, in der Mitte der Stirn. Atme langsam tief durch, entspanne und fühle Dich geborgen.

Gehe mit Deiner Aufmerksamkeit zu Deinem Stirn-Chakra, und gestatte Deiner inneren Vision, sichtbar zu werden. Lasse jegliches Bild zu. Folge diesem Vorgang und lerne alles daraus, was Dir möglich ist. Was erzählen diese Bilder? Danke Dir selbst und dem Kristall für die Unterstützung. Lasse dann das Bild blasser werden und schließlich verschwinden. Atme langsam und tief. Gestatte nun einer anderen Vision, in Dir zu entstehen. Mittels Deiner Absicht kannst Du auswählen, dass nur positive Visionen entstehen, die spezielle Hinweise in sich bergen. Folge auch ihnen und lerne alles, was Du daraus lernen kannst. Fahre damit fort, so lange Du möchtest, und danke jedes Mal.

Wenn Du spürst, dass es Zeit ist, die Übung zu beenden, danke noch einmal. Entferne jetzt den Kristall von Deinem Stirn-Chakra, halte ihn in Deiner Hand, und wenn Du bereit bist, lege ihn beiseite. Verweile noch einige Zeit an Deinem Platz und nimm alles auf, was Du von dieser Übung gewinnen kannst. Atme dann tief durch und drehe Dich auf die Seite. Schlafe etwas oder setze Dich sachte auf. Bleibe gut geerdet und trinke etwas Wasser. Dehne Dich, notiere Deine Eindrücke und gehe langsam zurück in Deinen Tag.

## Übung 2

Du benötigst:

- Dieses Buch und Deinen Stift
- Zusätzlich etwas Papier
- Deinen sicheren Ort
- Fünfundvierzig Minuten Zeit ohne Unterbrechungen

Diese Übung wird Dir helfen, Dein Leben zu verändern und zu verbessern.

Schließe Deine Augen und stelle Dir eine klare, flimmernde Großleinwand vor, wie im Kino. Eine Leinwand, auf der Bewegung dargestellt werden kann, Großaufnahmen und Panorama-Ansichten. Wähle ein Gebiet aus Deinem Leben aus, das Du verändern und verbessern möchtest – vielleicht eine Beziehung, Deine Karriere oder Dein Zuhause. Platziere diese Szene jetzt auf der Leinwand und schaue Dir jedes Detail genau an. Einige

Minuten wirst Du brauchen, um alles genau zu betrachten und um Dich danach daran zu erinnern.

*Deine Vision wird nur klar werden, wenn Du in Dein eigenes Herz schauen kannst. Wer außen schaut, träumt; wer innen schaut, wacht auf.*
*– C.G. Jung –*

Was gefällt Dir daran nicht und bringt Dich dazu, eine Änderung zu wünschen?

Was fehlt, das Du gerne dabei haben möchtest?

Welche Anteile würdest Du gerne behalten?

Wie sind Deine Gefühle zu diesen Bildern? Erlaube Dir jedes Gefühl, das in Dir hochsteigt, und schreibe alles auf, was Dir einfällt. Es könnte sein, dass Du in Deiner jetzigen Lebenssituation manche Teile behalten möchtest – und das ist in Ordnung.

*Jeder von uns hat eine Aufgabe, die von niemand anderem erledigt werden kann. Wenn jemand anderer Dein Schicksal erfüllen könnte, dann würden sie an Deinem Platz im Leben stehen und Du wärst nicht hier.*
*– John O'Donohue –*

Egal wie stark Du verschiedene Aspekte Deines Lebens ändern möchtest, bisher haben sie Dir genutzt. Du findest Dinge, die Dir Vorteile gebracht haben – beispielsweise spezielle Fertigkeiten, das Leben zu meistern, Mitgefühl und Verständnis – die essenziell wichtig waren für Deine Entwicklung. Führe Dir die Gaben mit offenem Herzen vor Augen und schreibe sie hier auf:

Sende nun Dankbarkeit an den höchstmöglichen Platz für alle diese Dinge, die Teil Deines Trainings waren. Wenn Deine Lehre erfolgreich war, ist die Zeit gekommen, um loszulassen.

So nimm einen tiefen Atemzug und schließe Deine Augen wieder. Stelle Dir wieder diese Großleinwand vor, nun jedoch mit einem veränderten Bild.

Tausche nun jeden Aspekt, den Du möchtest (es könnte auch sein, dass Du das komplette erste Bild ausradieren willst) und gestalte im Detail, was Du wünschst. Du kannst das Bild so lange angleichen, bis es sich für Dich stimmig anfühlt. Wenn Du meinst, dass es für diesen Moment richtig ist (Du kannst jederzeit weiter daran arbeiten), schaue es Dir genau an und nimm dieses Bild tief in Dein Herz auf. Noch ein tiefer Atemzug und öffne dann Deine Augen.

Beschreibe hier, was Du gestaltet hast:

Nimm jetzt das Papier, das Du extra bereit gelegt hast und beschreibe Deine Vorstellungen, wie Du Dein Leben gestalten möchtest. Dieses Papier sollte an einen angemessenen Platz in Deinem Zuhause, ausgesucht nach den Regeln von Feng Shui, deponiert werden. Du könntest diesen Prozess noch weiter verstärken, indem Du die richtige Papierfarbe für das Bagua-Feld aussuchst oder mit entsprechender Stiftfarbe schreibst.

Das folgende Diagramm ist eine vereinfachte Darstellung des Bagua. Hier kannst Du herausfinden, wo genau Du Dein Schreiben am richtigen Platz deponieren sollst. Wenn Du beginnst, damit zu arbeiten, stelle Dir vor, dass die untere Kante des Diagramms die Wand in Deinem Haus oder in Deinem Zimmer repräsentiert, an der sich die Eingangstür befindet. Wie Du auf dem Diagramm sehen kannst, steht jedes Feld für einen bestimmten Aspekt in Deinem Leben. Wenn etwa „Beziehungen" das Thema Deiner vorhergehenden Übung war, lege Dein Schreiben in die Beziehungs-Ecke, weit entfernt vom Haupteingang, und so weiter. Wenn Du mehr über Feng Shui wissen möchtest, ist das Buch von Richard Webster „Feng Shui für Anfänger" gut geeignet.

| | | |
|---|---|---|
| Wohlstand (purpurfarben und golden) | Ruhm (rot) | Beziehungen (rosa oder rot) |
| Familie (grün) | Gesundheit (gelb oder erdfarben) | Kinder (gelb und weiß) |
| Weisheit und Lernprozesse (blau) | Karriere (schwarz) | Hilfreiche Menschen und Engelwesen (silber und grau) |

Wenn Du Dein Schreiben sicher untergebracht hast, sende Dankbarkeit an den höchstmöglichen Platz und sprich die folgenden Affirmationen, um Deine Absicht zu bestätigen:

*Ich rufe diese Absichten nun in mein Leben, zu meinem höchsten Wohl und zum höchsten Wohle aller.*

*Aus der Tiefe meines Herzens bin ich dankbar für die guten Veränderungen, die von nun an in mein Leben einkehren werden, zu meinem höchsten Wohl und zum höchsten Wohle aller.*

Wiederhole diese Übung für jeden Bereich Deines Lebens. Lasse die verschiedenen Schreiben an ihren Plätzen liegen, bis es Dir möglich ist, sie noch einmal zu lesen. Wenn Du dies tust, ändere weiterhin alle die Dinge, die Dir wichtig erscheinen – vielleicht ist Dir nun ein gutaussehendes Gesicht mit braunen Augen nicht mehr ganz so wichtig wie Sinn für

Humor, Loyalität und Vertrauenswürdigkeit. Vielleicht verändern sich die Vorstellungen für die perfekte Karriere. Wo vorher ein hohes Einkommen damit verbunden war, kann jetzt Lebensqualität stehen, mit Zeit für die Familie. (Du kannst auch beides erbitten – ohne Schuldgefühle, dass Du vielleicht gierig bist). Immer wenn Du Veränderungen vornimmst, sende Dankbarkeit zum Universum und den unsichtbaren Führern, die Dich leiten – und ende mit den Affirmationen, die weiter oben aufgeführt sind.

### Übung 3

Du benötigst:

- Dieses Buch und einen Stift
- Einen Bergkristall, wenn Du einen hast (falls Du jedoch eine Krebserkrankung hast oder hattest, nimm bitte einen Amethyst).
- Dreißig Minuten Zeit ohne Unterbrechung

Mit dieser Übung werden sich Deine Fähigkeiten zur Hellsichtigkeit steigern. Wenn Du jedoch diese Fertigkeit sorgfältig entwickeln möchtest, wäre es ratsam, die Aufnahme in eine Schulung anzustreben, in der die Entwicklung übersinnlicher Fähigkeiten speziell gefördert wird.

Vielleicht gibt es etwas, das Du einfach nicht mehr findest – hier starten wir mit der Übung. Lege den Bergkristall neben Dich, er soll Dir Klärung bringen und Deine Aufmerksamkeit ausrichten.

Schließe Deine Augen und gestatte Deinem Bewusstsein, so klar wie möglich zu werden. Nimm die Großleinwand aus der letzten Übung in Deine Aufmerksamkeit auf. Lasse das verlorene Objekt in Deine Vision kommen und platziere es auf der Leinwand. Beobachte jedes noch so kleine Detail so genau wie möglich. Schaue nun weiter auf die Szene, wie sie sich verändert und welches Bild sich entwickelt. Es kann sein, dass die Bilder zu Beginn nicht sehr detailliert sind: Du empfängst Farben, Schatten, doch kaum mehr. Baue Deine Visionskraft weiter aus. Dann erlaube der Szene vor Dir, ab einem gewissen Punkt, sich ohne Dein Zutun weiterzuentwickeln, ohne die Führung Deines wachen Bewusstseins. Sei ein scharfsinniger Beobachter. Es kann passieren, dass Du plötzlich Teile einer klaren Szene siehst, vielleicht ein anderes Objekt, etwas aus Deinem Zuhause oder eine Landschaft. Fahre dann mit Deiner sorgfältigen Beobachtung fort. Wenn Du spürst, dass keine weiteren Informationen für Dich bereitliegen, öffne sachte Deine Augen und notiere es hier weiter unten. Beschreibe alle Details genau, das Objekt, die Szene, jede Verbindung, auch Emotionen, die in Dir hochgestiegen sind.

Manchmal kommen während der Beschreibung noch weitere Informationen hinzu, auch diese solltest Du bitte notieren. Wenn Du an irgendeinem Punkt das Gefühl hast, noch einmal zu der Szene zurückgehen zu wollen, schließe Deine Augen und stelle Dir die Leinwand noch einmal vor. Auch wenn Du nur wenige Informationen sammeln konntest, versuche, alle aufzuschreiben, jedes Detail. Es könnte sein, dass Du überrascht bist über das Ergebnis, über das, was möglich ist. Der Mut soll Dich nicht verlassen, wenn es beim ersten Mal nur recht wenige Informationen sind. Es ist eine Befähigung, eine Eignung, die sich langsam weiterentwickeln wird. Doch wie bei allen Fertigkeiten, bedarf es auch hier der Übung.

Fühle tiefe Dankbarkeit in Dir und komme dann zu Deinen täglichen Aufgaben zurück.

## Übung 4

Du benötigst:

- Das lokale Telefonverzeichnis
- Dein Telefon
- Deinen Terminkalender

Du hast bis hierher sehr hart gearbeitet, und es wird nun Zeit, dass Du Dir eine Belohnung gönnst. Du kannst nun erfahren, wie viel Kraft Farben in Deinem Leben haben. Verwöhne Dich selbst und suche eine Farbberatung. Nimm Dir das Telefonbuch vor, suche Dir einen professionellen Berater aus und vereinbare einen Termin. Farben zu nutzen, die zum Aussehen, zum Teint, zur Persönlichkeit passen, kann Deine Stimmung, Dein ganzes Auftreten und Deine Selbstsicherheit verändern. Erfreue Dich daran.

# Meditationen

## Meditation 1

Du benötigst:

- Dieses Buch und Deinen Stift
- Dreißig Minuten Zeit ohne Unterbrechung

Nun sind wir bei Visionen, Weisheit und Führung angelangt.

Du bist auf Deiner inneren Reise einen weiten Weg mit mir gegangen, und Du bist nun viel klarer und gesünder als am Anfang. Und doch, wie immer, gibt es noch weitere Arbeit für uns, und das wird so bleiben, bis wir schließlich nach Hause gehen. So....

Mache es Dir bequem an Deinem sicheren Platz und nutze alle Unterstützung, die Du benötigst, um diese Position für eine Weile halten zu können.

Richte Deine Aufmerksamkeit zuerst wie immer auf Deine Atmung. Entspanne Deinen Körper und lasse alle negativen Gedanken durch Dein Wurzel-Chakra und durch Deine Fußsohlen hinausgleiten. Lasse einen Lichtstrahl durch Dein Kronen-Chakra eintreten und Gefühle von tiefer Liebe Dich erfüllen und umhüllen, Dich klären, heilen und harmonisieren.

Du fühlst Dich sicher und behaglich, und die Heilung dieses Platzes geschieht nun fast automatisch. Erfreue Dich daran.

Nimm nun einen tiefen Atemzug und führe mit sanfter, liebevoller Aufmerksamkeit für Dich selbst Deine Erinnerung zurück, als Du einundzwanzig Jahre alt warst, und durchforste die Zeit bis zum Alter von sechsundzwanzig Jahren. Umarme Dein junges Erwachsenen-Ich, umhülle es mit Licht und halte es sicher und geschützt.

Für diesen Moment hast Du alle wichtigen Ereignisse aus dieser Zeit ausgegraben, so bündele sie bitte nun, um sie für die Heilung vorzubereiten. Lasse Dir Zeit. Wenn Du bereit bist, sende eine Welle von Liebe und Vergebung zu Dir selbst, zu allen Beteiligten und zu den Ereignissen aus dieser Zeit.

Erhebe Dein spirituelles Bewusstsein in die nächste Ebene, damit Du erkennen kannst, dass jeder, der Dich vielleicht sehr verletzt hat, seinen eigenen Schmerz auslebte und in seinem eigenen Prozess gefangen war. Wenn es Dir möglich ist, jedoch nur dann, sende Deine Vergebung zu ihm/ihr voller Liebe, Mitgefühl und Verständnis.

Wenn Du kannst, und nur dann, steige noch eine Stufe höher in die nächste spirituelle Ebene und schaue auf die Tatsache, dass alles, was geschehen ist, absolut notwendig war für Dein spirituelles Wachstum in diesem Lebensabschnitt. Alle jene, die daran beteiligt waren, haben die Chance vergeben, eine gute Beziehung zu Dir aufzubauen, nur um Dich zu lehren, was Du lernen musstest. Sie waren Deine Lehrer. Wenn Du dies anerkennen kannst, wirst Du merken, dass Vergebung unnötig ist und Dankbarkeit diesen Menschen gegenüber, die Dein Leben so verändert haben, viel besser passt. So sende ihnen Liebe und Dankbarkeit, um die Lehre aus der Beziehung vollkommen zu machen. Liebe, Dankbarkeit und Vergebung vollenden jede Lektion.

Lasse Dir damit Zeit und gehe bitte nur so weit, wie Du wirklich bereit bist. Atme Licht in jeden Teil von Dir und lächele innerlich, denn Du hast gute Arbeit geleistet.

Verweile hier, so lange Du möchtest. Wenn Du bereit bist, nimm noch einen tiefen Atemzug und führe wieder Licht voller Liebe in jeden Teil von Dir. Lasse Sauerstoff in jede Zelle einströmen und bereite Dich vor auf den Weg zurück in den Raum. Werde Dir Deiner physischen Gegenwart mehr bewusst, bewege Deine Finger und Deine Zehen und komme zurück an einen Platz hinter Deinen geschlossenen Augen. Versichere Dich, dass Deine Erdverbundenheit solide ist, und wenn Du ganz zurück im Raum bist, öffne sachte Deine Augen.

❧ ❧ ❧

Dehne Dich, trinke etwas Wasser und notiere alles, was Du möchtest.

________________________________________

________________________________________

Lasse Dir so viel Zeit, wie Du möchtest, bevor Du zur nächsten Meditation weitergehst.

**Meditation 2**

Du benötigst:

- Dieses Buch und Deinen Stift
- Fünfundvierzig Minuten Zeit ohne Unterbrechung

❧❧❧

Ruhe Dich aus an Deinem sicheren Platz und entspanne auf die Art und Weise, wie sie Dir inzwischen bekannt ist. Lasse alles Negative durch Deine Fußsohlen und Dein Wurzel-Chakra hinausströmen.

Richte nun Deine Aufmerksamkeit auf Dein Stirn-Chakra, etwas über und zwischen Deinen Augenbrauen. Lasse mit einem einzigen Gedanken wunderschönes helles Licht durch den höchsten Punkt Deines Kopfes eintreten. Dieses Licht soll den ganzen Bereich klären und heilen. Stelle Dir vor, wie Dein Stirn-Chakra in wundervollem, tief indigoblauen Licht leuchtet, und während Du weiter Dein Stirn-Chakra betrachtest, verstärkt sich das Leuchten und weitet sich aus.

Direkt vom Zentrum Deines Stirn-Chakras erstrahlt nun ein Licht, dieses Mal ein weißes Licht, klar und stark. Dieses Licht hat die Eigenschaft, über den Horizont von Zeit und Raum hinweg zu scheinen.

All dies wird nun sichtbar in Deinem Leben werden – beides, sowohl die Menschen als auch die materielle Dinge haben an einem ganz anderen Ort begonnen. Es gab Zeiten, an denen Du die Menschen, die Dir nun nahe stehen, noch nicht sehen konntest. Eine Zeit lang waren auch sie hinter dem Horizont von Zeit und Raum verborgen, und Du konntest sie noch nicht wahrnehmen. Sie waren jedoch auf dem Weg zu Dir, genauso wie Du auch auf dem Weg zu ihnen warst. Und es gibt andere, die sich gerade vorbereiten, um in Dein Leben zu treten.

Kläre Deine Vision in diesem Moment und schaue dem ganzen Lichtbündel nach, wie es aus Deinem Stirn-Chakra weiter hinaus scheint. Der Lichtstrahl reicht bis in einen Bereich, den Du noch nicht klar erkennen kannst. Dahin, wo die Menschen Deiner Zukunft sind, Menschen, die Dir Liebe und Freude, Hoffnung und Schönheit, Arbeit und gute Gelegenheiten bringen. Es sind die Menschen Deiner Zukunft, wie Du ein Mensch ihrer Zukunft sein wirst.

Gestatte ihnen nun, in Deine Richtung zu kommen. Lasse Dir Zeit und lasse auch ihnen die Zeit, die sie benötigen. Lasse sie in Dein Sichtfeld kommen. Es kann sein, dass Du die Gesichter nicht sehen kannst, jedoch ist es oft möglich, die Figur zu sehen und die Geschenke und Gaben, die sie mit sich bringen, um Dein Leben zu bereichern. Auch Du hast Geschenke für sie bereit.

Schicke ein Lichtbündel voll Liebe, um sie zu begrüßen. Sende Freude und Hoffnung aus. Sende ihnen Liebe und die verbindliche Zusage, dass die Beziehung zwischen Euch beiden voll gegenseitiger Liebe und Respekt sein soll und jeder seine Rolle voll Mitgefühl und Verständnis annimmt. Spüre, wie auch Du willkommen bist.

Es könnten Seelen sein, die Du schon ewig kennst, es könnten Seelen sein, die Du noch nie getroffen hast. Da jedoch jeder Austausch, jede Handlung ein Geschenk in sich birgt, reicht schon einfach die Tatsache, dass sie sich in Deine Richtung bewegen. Allein damit wird klar, dass sie Dein Wachstum fördern, Deine Erfahrung bereichern und Dein Herz berühren werden. Alles, was zwischen Euch ausgetauscht wird, soll und wird entscheidend für Dein spirituelles Wachstum sein, wie auch entscheidend für ihr spirituelles Wachsen.

Verweile einen Moment und erspüre diese wundervolle Energie zwischen Euch. Empfange die Liebe, die zwischen Euren Herzen ausgetauscht wird. Halte sie in Deiner Liebe. Erfreue Dich daran. Bleibe so lange Du möchtest, doch solltest Du zurückkehren an diesen Ort Deines heutigen Lebensabschnittes. Erlaube ihnen, wie auch Dir selbst, das zu tun, was noch zu erledigen ist, bevor sie in Dein Leben treten. Sende nun ein letztes Mal ein Lichtbündel voller Liebe in ihre Richtung und versprich ihnen, wenn die Zeit des Treffens herangekommen ist, dass Du sie voller Liebe, Freude und Offenheit empfangen wirst, voller Respekt und mit einem familiären Gefühl, wie zwischen Brüdern und Schwestern.

Gestatte ihnen nun für diesen Moment, sich wieder zu entfernen, um dort zu sein, wo sie im jetzigen Augenblick ihres Lebens hingehören. Zum richtigen Zeitpunkt werden Sie zu Dir kommen.

Gib Deiner Dankbarkeit für das Erlebte Ausdruck und gestatte dem Stirn-Chakra, dieses Lichtbündel voller Liebe ganz sachte wieder aufzunehmen. Atme langsam und tief und werde Dir dieses Augenblickes bewusst, dieses Platzes, an dem Du gerade bist und wo Du auch hingehörst, sowie dieses Lebensabschnittes. Nimm noch einen tiefen Atemzug und fülle Deine Zellen mit Sauerstoff und spüre nun mehr Deinen physischen Körper. Erlaube dem Stirn-Chakra, sich so weit zu schließen, wie es am behaglichsten ist. Du kannst es immer dann, wenn Du es möchtest, wieder öffnen.

Nimm noch einen tiefen Atemzug und werde Dir Deiner Erdverbundenheit bewusst. Bewege leise Deine Finger und Deine Zehen, und wenn Du bereit bist, öffne Deine Augen.

❧❧❧

Trinke etwas Wasser, dehne Dich und notiere hier weiter unten alles, was Dir wichtig erscheint.

## Affirmationen

*Ich bin bereit, meine Gabe der Intuition vollständig zu nutzen.*
*Ich sehe die Welt aus spiritueller Sicht und heiße alle Gaben und Geschenke, die sie für mich bereithält, willkommen.*
*Ich übernehme die Verantwortung für mein Leben und gehe nun voran, um eine Zukunft in Fülle zu manifestieren.*

Gestalte hier Deine eigenen Affirmationen

Notizen

# VII. Kapitel • Das Kronen-Chakra

*Betrachte das liebliche Licht, das am östlichen Morgenhimmel aufsteigt.*
*In der Lobpreisung vereinen sich beide, Himmel und Erde.*
*Und von den vierfach manifesten Mächten steigt ein feierlicher Gesang der Liebe auf, von der lodernden Flamme wie vom fließenden Wasser, von der süß duftenden Erde wie vom Flüstern des Windes, vom tiefen, unergründlichen Strudel goldenen Lichtes, in dem sich der Sieger badet, steigt die Stimme der Natur in tausend Tönen auf, um zu verkünden:*
*Freuet Euch, oh Ihr Menschen auf dieser Erde.*
*Ein Pilger ist zurückgekehrt vom anderen Ufer.*
*Ein bewusstes Wesen ist neu geboren.*
*Friede sei mit allen.*
*– Vedischer Text –*

Das obere Ende des Wirbelsäulenkanals (Sushumna) bildet das Kronen-Chakra, es wird auch das Tausendblättrige Lotosblüten-Chakra genannt. Hier öffnen wir uns vollständig unserer Spiritualität, dem universellen Bewusstsein und den göttlichen Anteilen in uns. Dieses Kapitel unterscheidet sich von den anderen, da es im Kronen-Chakra keine Fehlfunktionen gibt. Entweder entwickelt es sich, und wir öffnen uns zu seiner Herrlichkeit, oder wir sind noch nicht bereit, dieses Wunder zu empfangen. Bleibt es verschlossen, sind wir nicht fähig, uns ganz mit dem Göttlichen zu verbinden. Unabhängig davon, ob es schon entwickelt ist oder noch nicht, können wir immer visualisieren oder uns innerlich vorstellen, dass Licht durch das Kronen-Chakra in uns eintritt und wir die Heilung durch das göttliche Licht empfangen können.

Für manche Menschen ist diese Arbeit ein Lebensthema. Wenn wir auch über unsere Spiritualität reden oder über unsere Religion, so wird doch nur mit der Entwicklung und Öffnung des Kronen-Chakras die Flut dieser ekstatischen Energie erfahrbar werden. Diesen letzten Höhepunkt können wir auch spirituelle Ekstase nennen, jenes Gefühl, das wir vielleicht für kurze Momente schon erlebt haben. Wenn es für Dich auch eine Zeit dauern wird (denn es erfordert *alle* Chakras in einem guten, gesunden Zustand), so stelle Dich doch schon jetzt darauf ein, dass sich Dein Leben mit dieser Erfahrung tiefgreifend verändern wird. Es wird Dich gleichzeitig mit Ehrfurcht und Freude sowie mit Liebe für alles und jeden erfüllen.

Betrachte jetzt das Kronen-Chakra näher und lerne, wie diese wundervollen Gaben zu erreichen sind.

Was Du erreichen kannst, mit der Arbeit an Deinem Kronen-Chakra:

- Eine bewusste Verbindung zum Göttlichen
- Ein Gefühl der inneren Verbundenheit und vollkommene Klarheit
- Die Gabe der Heilung
- Inneren Frieden
- Eine neue Wahrnehmung für das Wunder des Universums
- Die Freiheit, all das zu sein, was in Dir steckt

Richte nun den Blick auf die folgenden Fragen und versuche abzuschätzen, welche Arbeit für Dich hier steckt.

| | **Fragenkatalog zur Selbsteinschätzung** |
|---|---|
| ☐ | 1. Hast Du das Gefühl, dazu berufen zu sein, Heilung weiterzugeben, oder übst Du irgendeine geistige Technik aus? |
| ☐ | 2. Wünschst Du Dir, mehr erwacht zu sein und hast ein Gefühl des Einsseins mit allen Dingen? |
| ☐ | 3. Möchtest Du gerne das Gefühl von Glückseligkeit erleben, das nicht durch einen äußeren Reiz ausgelöst wird? |
| ☐ | 4. Kannst Du oder möchtest Du jeden als gleichwertigen Teil des universellen Bewusstseins ansehen? |
| ☐ | 5. Willst Du eine direkte, immer gegenwärtige Verbindung mit dem Göttlichen eingehen? |
| ☐ | 6. Wünschst Du Dir, alles Lebendige mit endloser Liebe und Mitgefühl zu betrachten? |

| | |
|---|---|
| ☐ | 7. Möchtest Du die Fähigkeit haben, alles in seiner wundervollen Einfachheit zu sehen? |
| ☐ | 8. Willst Du die göttliche Ordnung in allen Dingen akzeptieren, einschließlich Deines Wunsches, sie zu ändern? |
| ☐ | 9. Trachtest Du danach, mit bedingungsloser Liebe zu vergeben, voller Verständnis, Mitgefühl und sogar Dankbarkeit, während Du immer weiter nach Gerechtigkeit strebst? |
| ☐ | 10. Möchtest Du Liebe und Frieden für alles und jeden ausstrahlen? |
| ☐ | 11. Möchtest Du Dich ganz verbunden, unterstützt durch die Erde und dem Göttlichen zugehörig fühlen? |
| ☐ | 12. Möchtest Du gleichzeitig Dein irdisches Leben und Deine göttlichen Anteile leben? |
| ☐ | 13. Möchtest Du alle Deine Gaben ausleben und Dich am Leben in Fülle erfreuen? |

Wenn „Ja" Deine Antwort auf die meisten Fragen ist, wirst Du Dich daran erfreuen, Dein Kronen-Chakra zu entwickeln.

Die Arbeit am Kronen-Chakra und die Verwirklichung seiner Wunder ist eine beglückende, anhaltende, lebenslange Aufgabe. Betrachten wir es im Einzelnen und gehen der Frage nach, wie Du mit der Heilung beginnen und die Entwicklung voranbringen kannst.

| Die Grundlagen des Kronen-Chakras: |
|---|
| **Lage:** Das Kronen-Chakra befindet sich am höchsten Punkt des Kopfes und öffnet sich bis zum Kausalkörper. |
| **Farbe:** Bei manchen Menschen strahlt das entwickelte Kronen-Chakra weiß, bei anderen tief purpurfarben. |
| **Aktivierung und Entwicklung:** Es kann sich jederzeit entfalten, normalerweise kommt es jedoch das erste Mal in unsere spezielle Aufmerksamkeit im Alter von sechsundzwanzig bis dreißig Jahren, danach wieder im Alter von sechsundfünfzig bis sechzig und sechsundachtzig bis neunzig Jahren. Bei manchen Menschen jedoch öffnet es sich schon im Kindesalter, und bei einigen entwickelt es sich gar nicht, bis zu den letzten Minuten vor dem Tod, wenn wir uns des vollen Ausmaßes unseres Bewusstseins und unserer Göttlichkeit gewahr werden. Gewöhnlich erfordert es unsere bewusste Anstrengung, das Kronen-Chakra zu öffnen und zu entwickeln, sonst könnte es verschlossen bleiben, wie die Tür zu einem wundervollen Palast, den wir nie wagten zu erforschen. |

**Spezielle Beziehungen:** Obwohl das Kronen-Chakra das ganze System integriert, hat es doch eine spezielle Beziehung zum Wurzel-Chakra, da es am oberen Ende des Wirbelsäulenkanals liegt, so wie das Wurzel-Chakra am unteren Ende des Wirbelsäulenkanals angesiedelt ist. Sie öffnen sich beide in den Kausalkörper und damit anders als alle anderen Haupt-Chakras, die sich in den Emotionalkörper, in die Emotionale Aura-Schicht öffnen.

**Zuordnung zu den Körperdrüsen:** Das Kronen-Chakra ist verbunden mit der Hypophyse, der Zirbeldrüse und dem Hypothalamus. Der Hypothalamus gibt Hormone ab, die den hormonellen Fluss der Hypophyse steuern, die wiederum selbst die Hormonausschüttung der anderen Hormondrüsen im Körper reguliert. Die Hormone des Vorderlappens der Hypophyse stimulieren die Drüsen des endokrinen Systems, während die Hormone des Hinterlappens die Kontraktion des Uterus während der Schwangerschaft hervorrufen und für die Milchproduktion der Brüste verantwortlich sind. Die Zirbeldrüse gibt Melatonin ab.

**Neurologische Anbindung:** Das Kronen-Chakra ist mit der Großhirnrinde verbunden, die das komplette neurologische System überwacht.

**Verbindung zum Aura-Körper:** Der Kausalkörper, golden und wie ein Ei geformt, dehnt sich bis zu zwei Metern aus. Hier werden die Bänder, die Verbindungen zu früheren Leben, aufbewahrt, die auch verschwinden können, wenn wir karmische, schicksalhafte Themen bearbeiten.

## Funktionen und Aufgaben des Kronen-Chakras:

**Einheits-, Universal-, Christus- oder Buddha-Bewusstsein:** Das Kronen-Chakra lenkt unser Gewahrsein auf die Tatsache, dass das universelle Bewusstsein Einfachheit und gleichzeitig Komplexität beherbergt; jeden von uns als einzigartige und individuelle Seele annimmt und doch alle vereint. Wir können nichts kontrollieren, und doch geschieht alles in göttlicher Ordnung; wo es ein grenzenloses Nichts ohne Einschränkungen gibt, das alles umfasst; wo es keinen Abstand zwischen uns gibt und doch den endlosen Raum um uns; wo wir physische Wesen mit einem substanziellen Körper sind und gleichzeitig spirituelle Wesen mit einem spirituellen Körper aus Licht; wo Bewusstsein selbst nicht sichtbar ist, jedoch sichtbar wird in allem, was ist.

**Verständnis:** Das Verstehen des vereinten Bewusstseins bringt uns jenseits aller Dinge, die wir mit unserer Intelligenz je lernen, mit unserer Logik vermuten oder mit unserem menschlichen Gehirn berechnen können.

| | |
|---|---|
| **Friede, Ekstase und Glückseligkeit:** Am Kronen-Chakra können wir unser Wissen, das wir bis heute haben, überschreiten und unsere Grenzen erweitern. Wir können uns dazu bringen, das Unerreichbare zu erreichen, das Unberührbare zu berühren und werden, wenn auch zu Beginn nur für kurze Zeitabschnitte, absoluten Frieden finden, wo alles andere abwesend ist – und wir lernen so die Glückseligkeit des absoluten Gewahrseins kennen – wir befinden uns in spiritueller Ekstase. |
| **Umwandlung:** Wenn wir diesen glückseligen Zustand von spiritueller Ekstase kennenlernen, ihn einige Zeit halten können und in unser tägliches Leben integrieren, geschieht etwas Wundervolles. Wir sind verwandelt – und zwar für immer. Dieser Wandel ist nicht nur sichtbar für uns, sondern auch für alle um uns herum. Wir haben einen Blick in den Himmel gewagt und ihn erfahren dürfen, und wir werden nicht mehr dieselben sein wie früher. |
| **Licht und Friede ausstrahlen:** Die Kunst, die Arbeit mit den Energien des Kronen-Chakras zu verfeinern, gibt uns Gelassenheit, Klarheit und die Fähigkeit, universelle Liebe zu allen um uns herum auszustrahlen. Und doch bleiben wir gewöhnliche menschliche Wesen, die gewöhnliche Dinge tun, mit den Füßen fest in der Erde verankert. Es wird nicht von uns erwartet, herumzuschweben in einem Zustand von glückseligem, friedvollem Lächeln. Wir sind menschliche Wesen mit menschlichen Aufgaben hier auf der Erde. Eine davon ist es, unsere Gefühle zu erspüren und an ihnen zu arbeiten und trotzdem in bedingungsloser Liebe für alles und jeden zu verweilen. |
| **Erkenntnis und Wahrheit:** Schon beim Kehl-Chakra haben wir von der Wahrheit gesprochen, und im Kronen-Chakra werden wir uns noch mehr der Tatsache bewusst, dass genauso wie jeder Samen die Keimvorlage für die ganze Pflanze enthält, der DNS-Strang die Erbanlagen eines Menschen beinhaltet, so hält jeder Moment des Lebens die Wahrheit und die Erkenntnis von allem, was war und je sein wird. Alles, was wir dazu tun können, ist, sie zu finden. Wir sind alle an unterschiedlichen Abschnitten des Weges, wir haben alle ein unterschiedliches Verständnis der Wahrheit. Hier, im Kronen-Chakra, bewegen wir uns jedoch dem wichtigsten Ziel entgegen, Erkenntnis zu erreichen. |
| **Erleuchtung:** Im Kronen-Chakra können wir frei werden von der Begrenzung unseres menschlichen Denkens und eintauchen in bedingungslose Wahrheit und das uneingeschränkte Wissen. Wir wissen, während wir diese Grenzen überschreiten, dass wir uns damit wieder mit dem großen Körper des universellen Bewusstseins vereinen, mit der himmlischen Kraft, die viele von uns Gott nennen. Letztendlich können wir hier auch verstehen, während wir uns gleichzeitig mit unserer Stärke und unserer Bescheidenheit hingeben, dass diese Kraft so viel größer ist als wir und klar erkennen, dass wir selbst ein sehr kraftvoller Teil des Ganzen sind. |

**Verbundenheit:** Diese geschieht, wenn alle Chakras ganz entwickelt sind, geklärt und ohne Blockaden. Sie können dann zusammen einen reinen Lichtkanal bilden, indem die Energie ungehindert durch alle Chakras hinauf und hinunter strömen kann, uns somit gleichzeitig von unten, mit der Energie der Erde, und von oben mit der spirituellen Energie versorgen kann. Diese Energie versorgt und pflegt uns anhaltend, auf jeder Ebene, und speziell dann, wenn wir meditieren. In dieser Verbindung mit dem Göttlichen werden wir zu dem Menschen, der wir wirklich sind – Menschlichkeit und Göttlichkeit in vollendeter Balance.

## Aroma-Öle und Heilsteine für das Kronen-Chakra

Als Duftöl oder Weihrauch wäre für das Kronen-Chakra Bernstein (Amber) zu wählen, während der Diamant der klassische Heilstein ist. Auch Bergkristall, Amethyst, Labradorith, Spektrolith und Coelestin sind alle wunderbar geeignet. Doch bitte nutze keinen Bergkristall, wenn Du eine Krebserkrankung hast oder hattest. Bergkristall kann die Funktionen des Kronen-Chakras, wie sie aufgelistet sind, verstärken und den schnellen Aufstieg von Stirn- zu Kronen-Chakra stimulieren. Somit ist eine Beschleunigung der Manifestation von psychischen und spirituellen Gaben möglich. Wie ich im letzten Kapitel schon erwähnt habe, unterstützt Amethyst die Erhöhung des spirituellen Bewusstseins und eröffnet uns Ebenen in der Meditation, die wir vorher nicht erreicht haben. Der Amethyst klärt unsere Visionen und unsere Weisheit, schützt uns vor Negativität und stärkt die Bereitschaft, unseren Sinn für Gerechtigkeit, Fairness und Friede kundzutun. Labradorith und Spektrolith haben die gleiche Frequenz wie das Kronen-Chakra und helfen dabei, es rein und offen zu halten. Sie unterstützen seine Entwicklung; und regen die Aktivierung von Intuition und Medialität an. Die Entfernung von Verschmutzungen und allen Dingen, die unseren inneren Aufstieg belasten, werden von diesen beiden Heilsteinen versorgt. Sie helfen bei Telepathie und Inspiration. Coelestin reinigt die Aura-Schichten und wirkt ausgleichend. Er bedeckt während der Meditation unseren Energiekörper mit Licht und Liebe und befähigt uns dazu, die bewusste Verbindung mit dem Göttlichen aufzunehmen und zu halten.

*Wir wählen unsere nächste Welt aus mit dem Erlernten aus dieser Welt. Lernen wir nichts, wird die nächste Welt die gleiche sein wie die jetzige. Die gleichen Begrenzungen, Einschränkungen und Bleigewichte sind zu überwinden.*
*– Richard Bach –*

## Und nun zu Dir

Wir wollen nun unseren Blick auf die Zeiten in Deinem Leben richten, während derer sich das Kronen-Chakra entwickelt hat, und alles Nötige ins Bewusstsein holen, das geklärt, verziehen oder geheilt werden soll. Wenn Du diesen weiteren Schritt vollziehst, hast Du auf alle Chakra-Entwicklungszeiten in Deinem Leben zurückgeschaut. Obwohl Du sicherlich zwischendurch noch zu verschiedenen Zeiten zurückgehen wirst, um andere Dinge, die dann hochkommen, zu klären, ist der Grund bereitet und die Aufgabe, Dein ganzes Selbst zu heilen, hat begonnen.

So …

Nimm ein paar tiefe Atemzüge und schreibe auf, was Dir einfällt, wenn Du Deine Aufmerksamkeit auf die betreffenden Zeiten in Deinem Leben lenkst.

*Du bist kostbar und hoch geehrt in meinen Augen und ich liebe Dich.*
*– Psalm 43 –*

An was ich mich erinnern kann aus der Zeit im Alter von sechsundzwanzig bis dreißig Jahren:

Die wichtigsten Menschen in meinem Leben waren (es könnte sich um Familienmitglieder handeln, Lehrer, Freunde, Menschen, die Dich geliebt haben und solche, die Dir Schmerzen zugefügt haben):

Meine Gefühle über diese Zeit und zu den Menschen aus dieser Zeit sind:

### Zweite Phase der Aufmerksamkeit

Was ereignete sich in meinem Leben im Alter von sechsundfünfzig bis sechzig Jahren:

Die wichtigsten Menschen in meinem Leben waren:

Meine Gefühle über diese Zeit und zu den Menschen aus dieser Zeit sind:

**Dritte Phase der Aufmerksamkeit**

Was ereignete sich in meinem Leben im Alter von fünfundachtzig bis neunzig:

*Wenn du deine Türen verschließt und Dunkelheit in Dir zulässt, sage nie, Du bist allein, denn Du bist nicht allein. Nein, Gott ist in Dir und Dein Geist ist in Dir. Und für beide ist es nicht notwendig, Licht zu haben, um zu sehen, was Du tust.*
*– Epiktet –*

Die wichtigsten Menschen in meinem Leben waren:

Meine Gefühle über diese Zeit und zu den Menschen aus dieser Zeit sind:

Nun wollen wir damit beginnen, Dein Kronen-Chakra zu klären und zu entwickeln.

*Herr, Du hast mich gestaltet und erforscht. Du kennst mein Innerstes. Du hast mich im Leibe meiner Mutter kunstvoll gestaltet. Du hast mich auf erstaunliche und wunderbare Weise geschaffen und all Deine Werke sind Wunder.*
*– Psalm 139 –*

## Übungen

### Übung 1

Diese Aufgabe ist in drei Teile gegliedert.
Du benötigst:

- Deinen Stift und dieses Buch
- Farbstifte
- Vielleicht etwas Papier zusätzlich
- Mindestens eine Stunde Zeit ohne Unterbrechungen für den ersten Teil und nochmals fünfundvierzig Minuten für den zweiten Teil

Wenn ich für mich alleine den dritten Teil durchgehe – was regelmäßig geschieht, denn ich liebe die Gefühle und die Klarheit dabei – suche ich einen Nachmittag oder frühen Abend aus, da ich danach den Rest des Tages allein mit dem Göttlichen verbringen möchte. So beginne einfach mit dem ersten Teil und plane danach eine andere Zeit für die Visualisierung fest ein.

## Teil 1

Bisher haben wir jeden Teil des Chakra-Systems einzeln betrachtet, um seine Funktionen, seine Gaben und seine Fehlfunktionen zu erlernen und zu verstehen. Wir wollen nun im nächsten Schritt alles zusammenfügen, das ganze System beachten und vor allem, was Du bisher erreicht hast.

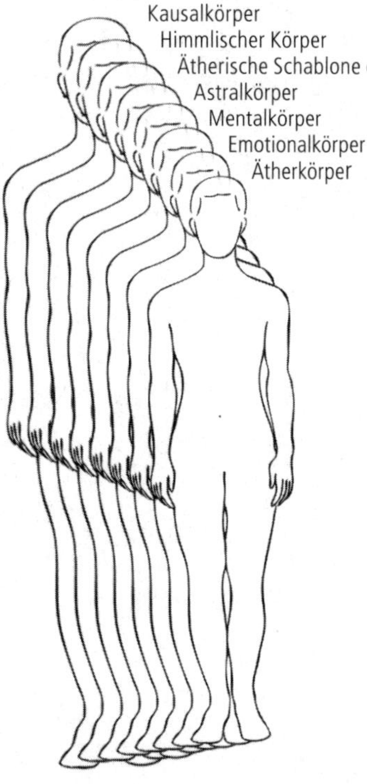


*Die Wurzel des Wortes „Buddha" bedeutet Erwachen, Wissen, Verständnis; und derjenige, der erwacht ist und versteht, wird Buddha genannt. So einfach ist es. Die Fähigkeit, zu erwachen, zu verstehen und zu lieben, wird Buddha-Natur oder Buddha-Bewusstsein genannt.*
*– Thich Nhat Hanh –*

Nutze Deine Farbstifte und markiere im Diagramm die Bereiche, die Du schon verwirklicht hast. Ich habe für jedes Chakra nur einige Schlüsselwörter eingesetzt. Beziehe Dich nun auf die früheren Kapitel und die entsprechenden Kapitel des Buches „Chakras – Tore zur Seele", um herauszufinden, was Du erwarten kannst. Dann kennzeichne bitte in einer anderen Farbe die Qualitäten, an denen Du noch arbeitest. Wenn Du möchtest, kannst Du ja von dem Diagramm eine Kopie erstellen und es an der Kühlschranktür befestigen oder auf Deinen Schreibtisch legen. Füge nun jede Änderung in dieses Diagramm ein, alles, was Dir auffällt in Deinem Verhalten oder in der Art, wie Du die Welt aufnimmst.

## Teil II

Wir haben bisher wenig über die Aura-Schichten gesprochen, außer dass wir sie benannt und beschrieben haben:

↑

die oberen Chakras richten sich aus auf
Spiritualität
Göttlichkeit
Kosmos

↑

Spiritualität
und Menschlichkeit

↓

die unteren Chakras beschäftigen sich mit
Menschlichkeit
Stofflichkeit
Erde

↓

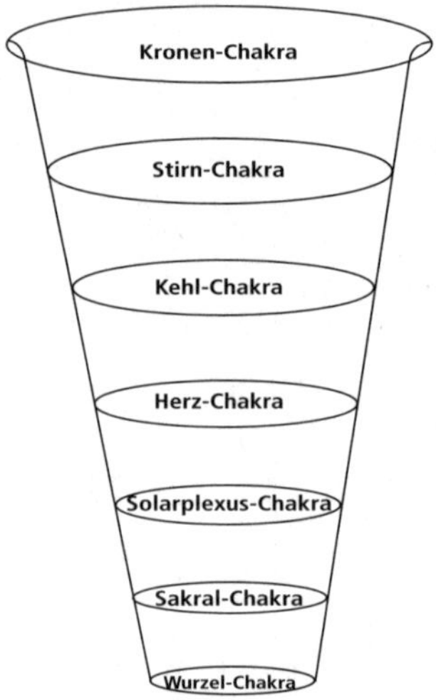


**Verbindung mit dem Göttlichen**
**Wissen**
**Channeling**

**Visionen**
**Verständnis**
**Weisheit • Intuition**

**Kommunikation**
**Wahrheit**
**Integrität • Witz**
**Humor**

**Liebe • Mitgefühl**
**Empathie**

**Kraft • Macht**
**Motivation**
**Antrieb•Wohlstand**

**Flexibilität**
**Balance • Harmonie**
**Gefühle**

**Selbstbewusstsein**
**Selbstsicherheit**
**Selbstwertgefühl**
**Sicherheit**
**Überleben**

Eine Kränkung auf einer der verschiedenen Ebenen hat Folgen im ganzen System. So kann eine Körperverletzung emotionale, psychologische und spirituelle Verunsicherung oder Verstimmung bringen. Genauso kann eine Verletzung der Seele eine Erkrankung auf der Körperebene hervorrufen. Wenn wir von Heilung sprechen, müssen wir alles ansprechen und integrieren – Körper, Geist und Seele.

*Mache mich zum Werkzeug Deines Friedens.*
*Wo Hass ist, lasse mich Liebe bringen*
*Wo Verzweiflung ist, lasse mich Hoffnung bringen.*
*Wo Dunkelheit herrscht, nur Licht, und wo Traurigkeit ist, für immer Freude.*
*– Franz von Assisi –*

Schaue nun auf das ganze System. Vielleicht kannst Du sehen, wie Dinge, die vor Jahren geschehen sind, Dich beeinflusst, Dich krank gemacht und davon abgehalten haben, aufzustehen und die Person zu werden, die Du sein kannst. Denke jedoch immer daran, dass alle Dinge, die geschehen sind, Teil Deiner Schulung waren. Es war Dein Weg und die Weisheit und Klarheit, die sie gebracht haben, war anders nicht zu erreichen. Dieser Weg war wichtig. Wenn es also nötig ist, lasse sie noch einmal los, lasse sie gehen und verzeihe. Wenn Du beim Durchschauen des Diagramms noch mehr von diesen größeren Zusammenhängen erkennen kannst, ist es sicherlich eine gute Zeit, in die einzelnen Kapitel zurückzublättern und weiter jeweils den Nutzen Deiner Erlebnisse in Deinem Leben zu addieren. Du würdest diese Arbeit hier am Rande Deines großen Erwachens nicht tun, wenn Du nicht vorher Leid erfahren hättest. Ein anderes Beispiel könnte sein, dass Du erkennst, dass Dich vergangene Lebensereignisse gut dafür ausgestattet haben, die Ausbildung in einem therapeutischen Beruf oder den Beruf des Heilers zu ergreifen.

Lasse Dir Zeit, und wenn Du meinst, es ist zu viel für eine Sitzung, dann kehre zu dieser Aufgabe zurück, wenn Du wieder bereit dazu bist. Bei jeder Sitzung jedoch sichere Dich bitte ab und sorge für eine gute Erdverbindung, wenn Du die Übung beendest.

## Teil III

*Ein paar Notizen …*

1. Es könnte sein, dass es Dir schwierig vorkommt, alle Farben zu sehen und Dein ganzes Wesen zu erfassen. Mache Dir keine Gedanken! Gehe für dieses Mal einfach durch den Prozess hindurch – Du könntest überrascht werden von den Dingen, die geschehen. Wenn Du je-

doch mir ähnelst, dann kommst Du immer wieder zu dieser Übung als Teil Deiner spirituellen Praxis zurück und wirst Dich schließlich selbst als vollständig ausgedehnte Lichtfigur in herrlichen Farben sehen!

2. Ich habe vorgeschlagen, dass Du von einer Aura-Schicht zur nächsten gehst, um Dein Gespür für Deine Herrlichkeit zu entfalten. Tatsächlich jedoch werden die Schichten eher verschmolzen sein und einander überlagern, als lose übereinander gestapelt zu liegen und sich ihrer Größe entsprechend voneinander auszudehnen. Ich finde es schwer, dies in Worte zu kleiden. Doch wird die Visualisierung ihren Teil dazu beitragen, damit es funktioniert; und der Rest wird sich mit der Zeit entwickeln.

3. Lasse Dir bitte überall Zeit und halte an, untersuche, erforsche und staune, wo immer Du möchtest. Und dann lasse Dir auch Zeit, Deine Dankbarkeit auszudrücken. Ich verweile oft in dieser Position für lange Zeit, unwillig, mich hinwegzubewegen, weil ich mich voller Ehrfurcht und Dankbarkeit dafür fühle, dass ich nicht gehen möchte.

4. Dein Sauerstoffbedarf wird sinken, und Dein Atem wird flacher. Darüber musst Du Dir keine Sorgen machen. Es könnte jedoch sein, dass Du am Ende einen sehr tiefen Atemzug machst. Ich habe verschiedentlich einen Hinweis eingefügt, um Dich ans Atmen zu erinnern.

Stelle Dir nun mit geschlossenen Augen Deinen physischen Körper vor. Fühle ihn, nimm ihn wahr, spüre ihn, erforsche Deinen Körper und atme hinein. Lasse Deinen Atem zu jedem Organ strömen, gib Deinen Organen ein inneres Lächeln voller Dankbarkeit, weil sie Dein menschliches Dasein unterstützen.

*Plane unter allen Umständen, doch überlasse dem Göttlichen die Klärung der Details.*
*– Brenda Davies –*

Leite Deine Aufmerksamkeit jetzt nach innen und führe Dir den Wirbelsäulenkanal vor Augen, diesen Lichtstrahl in Dir, der die ganze Länge der Wirbelsäule entlangläuft. Nimm Dir für jede Etappe viel Zeit, beginne am unteren Ende und visualisiere jedes Chakra, das abzweigt:

- Dein Wurzel-Chakra, dass sich dunkelrot und tief in die Erde dreht.

- Dein Sakral-Chakra – nach vorne und nach hinten, lichtdurchlässig orange.
- Dein Solarplexus-Chakra, an Deiner Körpervorderseite und –rückseite, leuchtend gelb.
- Dein Herz-Chakra, es öffnet sich nach vorne und nach hinten, grün oder pink.
- Dein Kehl-Chakra, ein blaues Licht, horizontal nach vorne und in einem leichten Winkel nach oben am Nacken.
- Dein Stirn-Chakra, tief indigoblau oder purpurfarben nach vorne und nach hinten.
- Dein Kronen-Chakra, weiß oder purpurfarben, über Deinem Kopf dehnt es sich vom Wirbelsäulenkanal nach oben aus.

Erspüre die Energie von jedem Chakra. Fühle diese wundervolle Energie des Wirbelsäulenkanals – die tiefe, kraftvolle Erdenergie, die durch das Wurzel-Chakra nach oben steigt und sich dann mit der feinen Lichtenergie, die durch das Kronen-Chakra hereinströmt, vermischt. Verweile hier einen Augenblick und versuche, diese Energie nach oben und unten zu verschieben. Empfange dann, was geschieht.

Und nun … nimm Dir viel Zeit auf jeder Stufe …

Sei Dir wieder Deines physischen Körpers bewusst und dehne Deine Aufmerksamkeit aus, um etwa zweieinhalb Zentimeter von Deiner Haut aus gesehen. Das ist Dein Ätherkörper, der eng mit Deinem physischen Körper verbunden ist. Er ist blaugrau, pulsiert beständig und fließt um die Konturen Deines Körpers herum. Auch jedes Organ wird umhüllt von der pflegenden und nährenden Energie des Ätherkörpers.

Erweitere nun etwas Deine Aufmerksamkeit, hinaus in den Emotionalkörper. Seine Energie ist leichter und feiner, und sie erscheint in pastellfarbenen Wolken. Diese Wolken strömen stetig ineinander und um Dich herum und dehnen sich zehn Zentimeter weit von Deinem physischen Körper aus. Der Emotionalkörper beherbergt Deine Gefühle. Atme jetzt Liebe und Licht hinein und beschenke Dich mit Frieden. Spüre tief innen Deine Harmonie und Deine Ausgeglichenheit.

*Der Körper verlangt nach grünen Kräutern und fließendem Wasser, weil dort sein Ursprung liegt. Die Seele begehrt das Leben und die Lebenden, denn ihre Quelle ist die unendliche Seele. Die Seele sehnt sich nach Erkenntnis und Wissen, der Körper jedoch nach Obstgärten, Wiesen und Weinreben. Der Wunsch der Seele ist Erhabenheit und Aufstieg zur Ewigkeit; der Körper aber sucht nach Bereicherung und Zügellosigkeit.*
*– Rumi –*

*Lasst uns dafür sorgen, dass unsere Leben beachtenswert sind wie Juwelen von hoher Kostbarkeit, nicht aufgrund ihrer äußeren Dimension, sondern aufgrund ihres Gewichtes. Lasst sie uns messen an ihren Leistungen, nicht an ihrer Dauer.*
*– Seneca –*

Nimm einen Atemzug und bewege Deine Aufmerksamkeit nun in Deinen Mentalkörper, gelb und stark. Ein Lichtschein um Dich herum, der sich etwa zehn bis zwanzig Zentimeter von Deinem Körper weg befindet und Dich in Deiner Kraft hält. Nimm Dir Zeit.

Erweitere Deinen Fokus in den Astralkörper, Wolken in wunderschönen Farben reichen etwa vierzig bis siebzig Zentimeter weit vom Körper weg. Sie leuchten normalerweise pinkfarben um das Herz herum, wenn Du Liebe in Dein ganzes Sein hineinatmest. Falls Du nun an jemanden denkst, den Du sehr liebst, kann es sein, dass auch andere Bereiche rosafarben aufleuchten.

Lasse Dir Zeit und bewege dann Deine Aufmerksamkeit weiter. Tritt nun in diese Ätherische Schablone ein, die manchmal auch Ätherischer Negativkörper genannt wird. Blau und silberfarben enthält er die komplette Schablone unseres gesunden physischen Körpers. Was auch immer passiert im Leben, er hält an diesem perfekten Abbild von Dir fest. Nun hat sich Dein Fokus etwa siebzig bis fünfundsiebzig Zentimeter weit ausgedehnt.

Erinnere Dich daran, das Atmen nicht zu vergessen.

Du hast nun den Himmlischen Körper erreicht – pastellfarbene, funkelnde Strahlenbündel dehnen sich von Dir aus. Fühle Deine Weisheit, Dein tiefes Verständnis und Deine Intuition. Diese Aura-Schicht könnte sich etwa einen Meter weit von Deinem Körper ausdehnen. Nimm Dir Zeit, es zu genießen und dann …

Halte Dich gut geerdet über das Wurzel-Chakra und erweitere Deine Aufmerksamkeit nun in Deinen Kausalkörper. Spüre Deine volle Ausdehnung und nimm den ganzen Kausalkörper wahr, er weitet sich golden und prachtvoll etwa anderthalb Meter und mehr vom physischen Körper aus.

Erfreue Dich daran, wie Dein ganzes Selbst wächst und größer wird und fühle gleichzeitig Deinen physischen Körper und das Licht Deiner Seele. Das bist Du! Du bist nicht nur eine starke menschliche Persönlichkeit, sondern auch ein großartiges spirituelles Wesen.

Vergiss jedoch das Atmen nicht!

Gib dir alle Zeit, die Du benötigst, um diese wundervolle Welt zu erforschen, Deine wundervolle Welt. Gestatte jedem Gefühl aufzutauchen. Erfahre es, arbeite damit und lasse es wieder gehen.

Atme tief und drücke Deine Dankbarkeit aus. Danke der Erde, dass sie Dich hält und unterstützt; danke dem Göttlichen, dass es immer für Dich da ist und bitte, dass Du für immer gut behütet bist. Stelle Dir einen goldenen Mantel um Dich herum vor, der jeden Teil von Dir schützt.

*Wie die Biene, die den Honig von verschiedenen Blüten sammelt, nimmt der kluge Mann das Wesentliche der unterschiedlichen Heiligen Schriften an und sieht nur das Gute in allen Religionen.*
*– Srimad Bhagavatam –*

Dies ist Deine Realität – sie wird auch nicht verschwinden. Wenn Du nun bereit bist, richte jetzt in Deinem eigenen Tempo Deine Aufmerksamkeit vom Kausalkörper, der wohlgeschützt ist, zum Himmlischen Körper, weiter durch Deine Ätherische Schablone zum Astralkörper und dann zum Mentalkörper. Komm zurück durch den Emotionalen Körper zum Ätherkörper, bis schließlich Deine Aufmerksamkeit wieder ganz auf Deinem physischen Körper liegt. Atme Licht in jeden Teil und lasse alles, was geheilt werden soll, nun heil werden.

Und bedanke Dich dafür.

Verweile so lange Du möchtest. Wenn Du bereit bist, nimm einen tiefen Atemzug und fülle Deinen physischen Körper mit Sauerstoff. Nimm Deinen physischen Körper mehr wahr – bewege Deine Finger und Deine Zehen und komme zurück an einen Platz hinter Deinen geschlossenen Augen. Wenn Du Dich ganz in der Gegenwart angekommen fühlst, öffne langsam Deine Augen. Sichere Deine Erdverbundenheit erneut ab.

Schreibe alles auf, was Dir wichtig erscheint, und nimm anderes Papier, falls es nötig wird.

## Übung 2

Nun kommt die Gelegenheit, Channeling auszuprobieren....
Du benötigst:

- Eine Stunde Zeit ohne Unterbrechung – es ist besser, nicht gleich danach einen Termin zu planen
- Dieses Buch und Deinen Stift
- Ein Extrabuch, das Du vielleicht Channeling-Tagebuch nennen könntest oder so ähnlich.
- Ein Aufzeichnungsgerät oder einen Freund, dem Du vertraust und der einfach nur da ist und alles aufschreibt für Dich (jedoch ohne Kommentar, und es muss ganz sicher sein, dass er nicht in Gelächter ausbricht).

**Ein nützlicher Hinweis!**

Während Du Channeling ausübst, mache Dir keine Gedanken darüber, was Du sagst, was passiert, wie genau es sein mag oder ob Du Dich gerade vielleicht zum Narren machst! Berichte einfach alles so, wie es ist. Manchmal habe ich schon Dinge mitgeteilt, die für mich keinen sinnvollen Zusammenhang hatten, doch es stellte sich dann heraus, dass sie sehr bedeutsam für jemand anderen waren. Versuche einfach, Dich in diesen Prozess nicht einzumischen, und bis Du diese Kunst nicht wirklich beherrschst, führe dieses Channeling nicht für andere durch. Bitte keine Partyspiele!

Bereite Dich vor und mache es Dir bequem. Sitze so aufrecht, wie es Dir möglich ist.

Stelle Dir nun Deinen Wirbelsäulenkanal vor, offen und klar. Baue nun an seiner unteren Basis die Erdverbundenheit auf und sei offen für das Wunder, das nun auf Dich wartet.

Bitte darum, dass Dir nur die höchste und reinste Weisheit von der höchstmöglichen Quelle gegeben wird. Verpflichte Dich dazu, diesem Vorgang mit Achtung zu begegnen und es nur zu Deinem höchsten Wohl und zum höchsten Wohl aller zu nutzen. Schalte das Aufnahmegerät an oder bereite Deinen Freund vor, mit der Aufzeichnung zu beginnen.

Gestatte Dir nun, auf die Seite zu treten, während Du mit einem einzigen Gedanken Dein Kronen-Chakra öffnest. Richte Dich darauf ein zu warten und sei offen, ohne das Geschehen lenken zu wollen. Sei bereit, Deine Kehle zu aktivieren, Dein Kehl-Chakra zu gebrauchen und beginne zu sprechen oder zu schreiben. Wenn der Fluss dann beginnt, könnte es sein, dass Du versuchst, ihn festzuhalten oder zu hinterfragen, dann wirst Du zurückgeschleudert in die normale Welt und fühlst Dich etwas töricht, weil Du nicht wirklich weißt, worüber Du redest. Wenn das passiert, nimm wieder die Erdverbindung auf, sichere die Verbindung zum Göttlichen ab und beginne noch einmal. Während des Channelings kann es passieren, dass ein Strom bewusster Gedanken durch Dich hindurchzieht, dann stoppt er und Du verlierst die Verbindung. Mache Dir keine Gedanken, zentriere Dich wieder und fahre fort.

Wenn Du spürst, dass es vorbei ist oder Du müde wirst und aufhören möchtest, ist alles, was zu tun ist, diesen einen Gedanken zu fokussieren und an Deinen inneren Ausgangspunkt zurückzukehren- und Du bist wieder da. Bedanke Dich und schließe sachte Dein Kronen-Chakra. Achte dann auf Deine Erdverbundenheit und sichere sie ab. Lasse Dir alle Zeit, die Du benötigst, bis Du Deine Augen öffnen kannst – es könnte sein, dass Du dabei Deine Augen niedergeschlagen halten möchtest, da es manchmal wie ein Schock ist, sofort die hell scheinenden Farben oder die Normalität Deiner Umgebung zu sehen. Wenn das so ist, blinzele etwas und nimm einen tiefen Atemzug. Trinke etwas Wasser, und wenn Du bereit bist, dehne Deine Glieder und schreite in Deinem Zimmer etwas auf und ab. Lasse Dir Zeit, bevor Du Dich anderen Dingen zuwendest.

Schreibe hier nun alles auf, was Du möchtest.

*Gott stirbt nicht an dem Tag, an dem wir aufhören, an eine persönliche Gottheit zu glauben, aber wir sterben an dem Tag, an dem unser Leben aufhört, täglich durch das unveränderliche Strahlen erhellt zu werden, jenes Wunder, dessen Quelle jenseits unseres Verstandes liegt.*
*– Dag Hammarskjöld –*

## Schlussmeditation

Gehe an Deinen sicheren Platz und nimm alles mit, was Du benötigst. Wenn Du Dich auch gerne mit etwas Musik einstimmst, ist Stille doch die beste Art und Weise, sich für das Kronen-Chakra vorzubereiten. Und nun … wie immer, richte Deine Aufmerksamkeit auf Deine Atmung, nimm Dir Zeit für die Entspannung Deines Körpers und lasse alles Negative gehen.

Visualisiere Dich nun selbst, in all Deiner Würde, mit Deinem Wirbelsäulenkanal klar und rein und mit drehenden, gesunden Haupt-Chakras. Sichere Deine Erdverbundenheit ab und wende Dich mit großem Respekt und Achtung Deinem Kronen-Chakra zu. Öffne es mit einem einfachen, liebevollen Gedanken und stelle es Dir als eine wunderschöne Lichtkrone über Deinem Kopf vor. Erlaube dem Kronen-Chakra die weitere Öffnung und bestaune die Vergrößerung des Umfangs. Fühle die Schönheit und das Wunder dieses Vorgangs. Mit einem Gedanken und einem Atemzug vergrößere nun den Lichtumfang – rein, leuchtend, kraftvoll und doch sanft. Sende jetzt Liebe von Deinem Herzen durch das Kronen-Chakra hindurch –

tief aus Deinem Herzen, reine Liebe und mit dieser Liebe, Deine Dankbarkeit – und fühle diesen Kanal, diese Verbindung zwischen Dir und der göttlichen Quelle, denn sie ist alles, was existiert. Während sich Deine Liebe zum höchsten Punkt ausweitet, spüre die Wärme und die außerordentliche Freude, während Du diese Liebe auch empfängst. Begrüße das göttliche Licht und die göttliche Liebe – zärtlich, kraftvoll, alles umfassend, alles unterstützend – lasse sie den Wirbelsäulenkanal hinunter gleiten und fühle, wie Du Dich ausdehnst, während Du Dich erhebst, um die Verbindung mit dem Göttlichen einzugehen. Spüre, wie sich Dein Strahlen um Dich herum verstärkt, während die Liebe weiter in Dich einströmt. Du dehnst Dich weiter und weiter aus und beobachtest nun, was in Deinem Brustkorb geschieht, wenn sich göttliche Liebe und Licht mit der menschlichen Liebe vermischen. Fühle dieses Wunder.

Gehe nun mit Deiner Aufmerksamkeit zum Stirn-Chakra und nimm wahr, dass sich beide, sowohl die Liebe als auch das Licht, in tiefdunkles Blau oder Violett verändern. Du bist angefüllt mit Weisheit und Verständnis … lasse sie hinunterfließen zum Kehl-Chakra, wo sie sich in wunderschönes Himmelblau oder Türkis verändern werden … Erspüre, wie sich die Themen Kreativität, Wahrheit und Integrität in Dir ausbreiten. Erkenne Deine Mission ….

Lasse Dir Zeit und nimm alles auf, was Dir möglich ist, und lasse diesen Lichtstrahl voller Liebe dann hinunter gleiten zum Herzen, zum Herz-Chakra, wo es die Farbe Rosa annimmt. Nimm diese Gefühle von bedingungsloser Liebe in Dir wahr, für Dich selbst und für das ganze Universum. Empfinde Mitgefühl für jeden und alles und gehe in einen freundlichen, sympathischen Kontakt mit allen Wesen, ohne Mitleid zu empfinden. Dein Herz soll sich öffnen und diese Liebe der ganzen Welt senden – zu allen, die Du kennst und liebst und zu denen, die Du nie kennenlernen wirst. Über das universelle Bewusstsein bist Du mit ihnen verbunden. Diese Liebe soll auch diejenigen erreichen, bei denen Du im Zweifel bist, ob sie Deine Liebe verdienen und alle, die nie fähig sein werden, diese Liebe zu Dir zurückzugeben. Erfreue Dich daran.

Lasse das Licht nun weiter absteigen zu Deinem Solarplexus-Chakra. Hier wird es strahlend gelb. Nun bist Du gefüllt mit Kraft, Dein Wille wird stärker und Du akzeptierst die Verantwortung für das großartige Wesen, das Du bist. Spüre, wie Deine Energie anwächst und denke daran, dass es Dir möglich wird, alle Deine Wünsche zu erfüllen. Du kannst eine anhaltende

Flut all dieser positiven Energie, die Du Dir aussuchst, bekommen, solange Du sie zum Wohl für Dein höheres Selbst und zum höheren Nutzen für alle einsetzt.

Sende dieses Licht nun hinunter zu Deinem Sakral-Chakra, wo es zu hell strahlendem Orange wird. Nimm Dich als kraftvolles, sinnliches, sexuelles Wesen wahr, vollkommen ausgeglichen und fähig, mit der ganzen Welt in Beziehung zu treten.

Schließlich werden die göttliche Liebe und das göttliche Licht die rubinrote Farbe des Wurzel-Chakras annehmen, während es in diesen Bereich erstrahlt. Es hält Dich sicher in Dir und in einer zarten Umarmung durch die Welt und den Kosmos.

Erblicke Dich selbst in Deinem Strahlen. Erkenne, wer Du wirklich bist und gestatte Dir eine Mischung von Stolz und Bescheidenheit für die Entwicklung, die Du gemacht hast. Du bist ein erstaunliches Wesen der Schöpfung. Nimm weiter Deinen Platz als wichtiger Teil eines wunderbaren Ganzen ein.

*Siehe, ich stehe vor der Tür und klopfe an. Wenn jemand meine Stimme hören wird und die Tür auftut, zu dem werde ich hineingehen und das Abendmahl mit ihm halten und er mit mir.*
*– Offenbarung 3.20 –*

Atme langsam und tief ein. Atme die Kraft der Würde ein. Sei, wer Du bist. Nimm Deine Lebendigkeit wahr. Sei einfach, ruhe in Dir …

Lasse die Energie durch Dich hindurch und um Dich herum fließen und fühle Dich ganz geheilt. Lasse sie Dir von niemand wegnehmen. Das bist Du, ganz Du.

Verweile, so lange Du möchtest. Wenn Du bereit bist, führe Deine Aufmerksamkeit langsam empor durch jedes Chakra. Lasse Dein Wurzel-Chakra geöffnet, schließe die anderen etwas, soweit wie es sich bequem für Dich anfühlt, doch halte die Liebe fest. Zum Abschluss drücke bitte noch einmal Deine Dankbarkeit aus. Lasse sachte das Lichtbündel mit all seiner heilenden Kraft los und schließe vorsichtig das Kronen-Chakra. Mache Dir keine Sorgen – Du kannst jederzeit zurückkommen und diese Übung wiederholen, wann immer Du möchtest.

Errichte nun achtsam einen kraftvollen Schutz um Dich herum – Du könntest Dir einen Samtmantel vorstellen, der Dich einhüllt oder einen goldenen Lichthof um Deinen Kausalkörper – und spüre nun langsam wieder Deinen physischen Körper. Nimm einen tiefen Atemzug, bewege sanft Finger und Zehen und kehre langsam zurück an einen Platz hinter Deinen geschlossenen Augen. Wenn Du Dich ganz zurückgekommen fühlst, öffne langsam die Augen.

❧❧❧

Trinke etwas Wasser und sei Dir sicher, dass du gut geerdet bist. Recke und strecke Dich, gehe in Deinem Raum etwas herum und schreibe dann hier alles auf, was Dir einfällt.

*Der Wind von Gottes Güte weht immer; es liegt an uns, die Segel zu hissen.*
*– Ramakrishna zugeschrieben –*

*Ein Mensch ist weder ein Ding noch ein Prozess, doch bietet er eine Öffnung, durch welche sich das Absolute zeigen kann.*
*– Martin Heidegger –*

## Affirmationen

Gestalte so viele eigene Affirmationen, wie Du möchtest.

## Notizen

Brenda Davies
Chakras – Tore zur Seele
Pbk., 270 Seiten
ISBN 3-89427-181-7

Die Autorin konzentriert sich auf die feinstofflichen Energiezentren des Körpers, vorrangig auf die sieben Haupt-Chakras, um von dort Aufschluss über das Krankheitsbild zu gewinnen und gleichzeitig über eine neue Aktivierung des betroffenen Chakras die Selbstheilungskräfte des Einzelnen zu stärken. Ihre Arbeit zeigt die einzelnen Analysewege auf sowie eine Fülle therapeutischer Möglichkeiten, um geistig-seelische Krankheitsursachen aufzulösen. Dabei reicht das Spektrum der Übungen von einfachen Vorstellungstechniken, über Tiefenimaginationen und Meditationsanweisungen bis hin zu mantrischen Versenkungspraktiken.

Flower A. Newhouse
Die sieben Körper des Menschen
Pbk., 110 Seiten
ISBN 3-89427-144-2

Das Verständnis von den feinstofflichen Wesensgliedern des Menschen gehört zum Grundlagenwissen; denn wer nicht wirklich versteht, was es mit dem Äther- oder Astralkörper auf sich hat, kann im Grunde das Wesen des Menschen nicht umfassend begreifen. Wer das Wesen des Mentalkörpers nicht wirklich versteht, wird niemals wahrhaft lernen, wie die Beherrschung der Gedanken möglich ist. Dieses Buch bietet eine umfassende Erkenntnis über alle Aspekte des menschlichen Lebens, die von der physischen Hülle bis zum göttlichen Seelenfunken reichen.

Lilla Bek/Anita Offik
**Chakras und Farben**
Hardcover, 380 Seiten
ISBN 3-89427-338-0

Farben bestimmen unser Leben. Sie wirken auf uns zurück und können dem sachkundigen Beobachter wertvolle Aufschlüsse über einen Menschen vermitteln.
Lilla Bek, eine der angesehensten Psychologinnen und Heilerinnen Englands, veröffentlicht in diesem umfassenden Kompendium die Forschungsergebnisse einer lebenslangen Beschäftigung mit dem Geheimnis der Farben. Sie breitet, in Zusammenarbeit mit Anita
Offik, ein schillerndes Universum vor den Augen der Leser aus, das weitaus beeindruckender ist als jenes, was 'normale' Augen sehen. Lilla Bek erblickt die Farben auch mit den 'inneren' Augen und lässt in ihren Beschreibungen auch den nicht hellsichtigen Leser teilhaben an dem Farbenspiel der Schöpfung.
So erhält das Verständnis der Farben eine neue Dimension, indem auch ihre unsichtbaren Wirkungen Berücksichtigung finden. Farben wirken, etwa über das Chakra-System, in sehr intensiver Weise auf Körper und Psyche des Menschen ein. Ein wissender Umgang mit der Heilkraft der Farben vermag hier überaus heilsame Kräfte freizusetzen.
Neben der grundsätzlichen Analyse der Farbwirkungen enthält diese umfangreiche Studie zahlreiche Fallbeispiele, anhand derer ein leichter Zugang zum persönlichen Nutzen der Farbtherapie möglich wird.
Ein lichtvoller Führer zur Anwendung der Farbheilkunde im eigenen Leben!